LA VÉRITÉ

SUR

LA QUESTION ROMAINE

PAR

B. O. S.

TRADUCTION FRANÇAISE SEULE AUTORISÉE

PARIS

RETAUX-BRAY, LIBRAIRE-ÉDITEUR

82, RUE BONAPARTE, 82

1890

LA VÉRITÉ

LA QUESTION ROMAINE

PARIS

IMPRIMERIE D. DUMOULIN ET Cie

5, RUE DES GRANDS-AUGUSTINS, 5

LA VÉRITÉ

SUR

LA QUESTION ROMAINE

PAR

B O. S.

TRADUCTION FRANÇAISE SEULE AUTORISÉE

PARIS

RETAUX-BRAY, LIBRAIRE-ÉDITEUR

82, RUE BONAPARTE, 82

1890

AVIS DU TRADUCTEUR

L'ouvrage que nous présentons au public français a été composé sans doute plus particulièrement pour les Italiens ; mais il intéresse également et tous les catholiques de l'univers, car il traite de la triste situation du Père commun de la chrétienté, et tous les hommes, à quelque opinion qu'ils appartiennent, car il discute à fond la question romaine, à laquelle nul homme politique ne saurait être indifférent.

La question romaine semble se résumer aujourd'hui en ce qu'on est convenu d'appeler la *conciliation* et qu'il conviendrait mieux d'appeler la *paix* entre le Pape souverain et le gouvernement italien. L'opuscule que nous traduisons en expose, avec clarté, la nécessité, les avantages, les conditions essentielles.

L'histoire à la main, avec une logique inflexible, mais en même temps avec une imperturbable modération de langage, l'auteur restitue à qui de droit la responsabilité de la situation actuelle, venge le Pape des accusations injustes dont il a été l'objet de la part des ennemis et même de certains amis aveugles ou fourvoyés ; il justifie son attitude, ses protestations, ses revendications, ses espérances. Il établit la nécessité évidente de la souveraineté temporelle du Pontife romain, au point de vue de l'Église et de l'Italie ; il réfute les vaines objections des sectaires, il dissipe les illusions des chrétiens séduits par de fausses apparences ; il trace à tous les catholiques leur devoir rigoureux et leur ligne de conduite. Il ne se contente pas de considérations générales et de propositions vagues ; il laisse entrevoir des solutions pratiques, dont la réalisation rendrait tout à la fois le calme à l'Église, une sécurité prospère à l'Italie, et à toutes les nations aujourd'hui si agitées un principe et une garantie de stabilité.

Voilà ce qui distingue cet ouvrage de ceux qui ont paru jusqu'ici sur le même sujet et lui donne sur tous un avantage marqué.

Il en a un autre non moins appréciable. Il a été composé sur l'ordre du pape Léon XIII, inspiré, revu par lui, retouché d'après ses indications, et il est sorti des presses du Vatican, c'est-à-dire de la typographie spéciale du Pape. Si donc il n'est pas un document officiel, il est pour le moins officieux ; il exprime des idées, des sentiments conformes aux idées, aux sentiments du Souverain Pontife, et comme tel il acquiert une importance considérable.

Comme tel aussi, il doit être présenté aux lecteurs français dans toute son intégrité ; c'est pourquoi le traducteur s'est appliqué, avant tout, à rendre fidèlement le sens, et, autant que possible, la forme, le tour des pensées de l'original.

Puisse-t-il contribuer de la sorte à réaliser le vœu du Saint-Père, qui désire voir l'ouvrage se répandre partout, redresser les jugements faux de certains politiques, encourager, affermir les vrais catholiques dans la généreuse résolution de ne rien épargner pour rendre à leur chef suprême la souveraineté temporelle qui lui est due et qui lui est nécessaire !

A QUI SONT ADRESSÉES CES PAGES

La question romaine, que l'on prétend résolue depuis
tant d'années, continue, comme au premier jour, de di-
viser en Italie les esprits et les cœurs. Ceux qui aujourd'hui sont au pouvoir s'obstinent à ne pas s'écarter ·
d'une ligne de la solution qu'ils en ont donnée. Les
catholiques restent également fermes à en vouloir une
revision qui rende au Pontife romain, avec la souveraineté temporelle, son indépendance politique.

Entre les uns et les autres se trouve une classe extrêmement nombreuse d'Italiens, catholiques de religion et ardemment épris du sentiment patriotique, qui
déplorent le dissentiment actuel, et ne se font pas
d'illusions sur sa gravité, mais qui ne voient pas encore clairement de quelle façon il peut et doit se ter-
miner.

C'est à ces bons Italiens que ces pages sont adressées.

Beaucoup d'entre eux ont lu avec avidité une récente brochure où l'on cherchait à représenter l'état
présent de la question romaine, *selon la réalité des
choses* [1].

1. *Roma e l'Italia e la realtà delle cose*. 1889.

Ces pages sont destinées à suppléer dans ce tableau les parties qui lui manquaient, et à en corriger les traits défectueux ; car *la réalité des choses* ne nous fait connaître la vérité que si elle se montre tout entière et sous son vrai jour.

LA VÉRITÉ

SUR

LA QUESTION ROMAINE

I

LA CONCILIATION; QUI NE LA VEUT PAS

Depuis vingt-neuf ans le gouvernement italien est en état de guerre déclarée contre le Souverain Pontife, chef de l'Église catholique; et le dissentiment s'est accentué au suprême degré depuis que Rome, prise d'assaut le 20 septembre 1870, a vu s'accomplir la spoliation du Pontife et réduire le chef de l'Église à la condition réelle de sujet italien.

Une lutte aussi vive et aussi prolongée entre les deux pouvoirs devait naturellement causer pour le moins un indicible malaise à la nation italienne, toujours profondément catholique; malaise ressenti par tous en général, mais particulièrement pénible à cette fraction très nombreuse de citoyens qui, restés catholiques de cœur et devenus par office les employés du gouvernement, se trouvent en mille circonstances dans une situation où il y a opposition entre leurs principes religieux et leurs intérêts matériels.

Dès lors il n'est pas étonnant que le désir de voir enfin cesser cette lutte se fasse vivement sentir, et que le moindre symptôme, vrai ou apparent, d'une réconciliation soit

accueilli comme l'annonce d'un bien communément désiré.
Car à l'exception de ceux qui en veulent à la puissance
spirituelle du Saint-Siège plus encore qu'à son domaine
temporel, on sent trop bien, même dans le camp libéral,
quoiqu'on ne l'avoue pas assez, que le différend entre l'Italie
légale et la Papauté est un ver qui ronge continuellement
le nouveau royaume, et on regarde la cessation de ce différend comme le complément nécessaire à son établissement définitif.

Et le Pape serait-il, par hasard, moins disposé à la
réconciliation, ou, pour parler plus juste, à la *paix?* car
la paix est vraiment le but où l'on doit tendre; la *réconciliation* n'est qu'un moyen. Élevez donc les yeux vers les
objets supérieurs aux choses terrestres, sans toutefois
perdre de vue les vrais intérêts de l'Italie et de la société;
alors vous pourrez l'affirmer sûrement: oui, le Pape, plus
que tout autre, désire la paix, et il la veut d'autant plus
sincèrement et il la cherche avec d'autant plus d'ardeur
que son caractère est plus haut, que les motifs qui l'ins-
pirent sont plus nobles. Il est le premier ministre d'un Dieu
auteur de la paix, le Vicaire de celui qui est venu sur la
terre apporter la paix aux hommes de bonne volonté; pourrait-il, oublieux de son ministère, se déclarer l'ennemi de
la véritable paix, ou même n'en être pas le premier pro-
moteur? En plusieurs de ses encycliques, Léon XIII, péné-
trant les secrets de l'ordre établi par la divine Providence,
a exposé avec une singulière clarté la nécessité de l'accord
entre les deux pouvoirs pour le bien commun de l'Église
et de la société civile: pourrait-il, sans se contredire lui-
même, apporter un obstacle à la paix en s'obstinant à per-
pétuer en Italie la lutte entre l'Église et l'État? Lui qui,

dès le commencement de son pontificat, travaille assidû-
ment avec une admirable longanimité à renouer, à fortifier
les liens de bonne intelligence avec les autres gouvernements de l'Europe, pourrait-il vouloir prolonger la discussion et la lutte uniquement avec l'Italie sa patrie, le siège
privilégié du Vicaire de Jésus-Christ? Lui surtout qui
continue visiblement sur terre la rédemption du monde
opérée par un Dieu fait homme; qui, du haut de son ministère apostolique, voit les innombrables périls auxquels
la lutte actuelle expose tant d'âmes débiles; qui entend
le gémissement de tant de consciences incapables de
concilier leurs devoirs de catholiques avec ceux de citoyens, resterait-il insensible à un tel spectacle, sourd à
ces gémissements, sans se soucier d'écarter, autant que
possible, les obstacles suscités au salut d'un si grand
nombre d'âmes!

Mais si le désir de la réconciliation et de la paix est
général, à qui doit-on attribuer la funeste continuation des
divisions et de la guerre?

Il y a des gens, et ce n'est pas seulement parmi les
francs libéraux, qui, au mépris de la logique et du bon
sens, osent imputer au Pape toute la faute de cet état pro-
longé de discorde entre le Saint-Siège et l'Italie légale.
A les entendre, le Pape devrait reconnaître d'une certaine
manière les faits accomplis, s'accommoder de son mieux à
la douloureuse situation que lui a faite la Révolution; il
devrait sinon approuver, du moins supporter en silence les
injustices reçues, les grands malheurs qui l'accablent, et
cesser enfin d'assourdir le monde de ses éternelles protestations. Et parce que le Pape agit contrairement à leurs
conseils, ces braves conseillers le déclarent coupable

de toutes les fatales conséquences de la lutte actuelle.

On voudrait donc la réconciliation au prix d'une trahison sacrilège! Mais une réconciliation qui n'est pas fondée sur la justice, qui foule aux pieds la dignité du Souverain Pontife, pourrait-elle s'appeler la paix? On déclare solennellement ne vouloir pas restituer au Pontife un seul pouce de son territoire envahi, ne vouloir pas révoquer une seule des innombrables lois offensives des droits de l'Église; et après cela on a l'audace d'accuser le Pontife d'être l'ennemi de la paix, comme si c'était un crime à lui de ne pas se faire lui-même l'auteur de ses maux, et de ne pas se rendre complice de ceux qui ont conjuré la ruine de l'Église! Qu'on le comprenne donc une bonne fois. Le Pape, comme tout possesseur légitime dépouillé de son bien, revendique ses droits, et parce que ces droits sont sacrés et imprescriptibles, que ces droits dont il est le gardien sont en réalité les droits de l'Église et de son divin fondateur, le Pape ne pourra jamais s'abstenir de les défendre, en réclamant avant tout l'indépendance politique nécessaire au libre exercice du suprême apostolat.

Mais n'empiétons pas sur les arguments qui seront exposés plus loin pour justifier l'attitude prise et maintenue jusqu'ici par le Souverain Pontife. Recherchons plutôt posément, à la lumière des faits incontestables, quel est le vrai coupable de cette lutte persistante.

Et d'abord il suffit de ne pas fermer les yeux pour voir qu'il appartenait au gouvernement spoliateur et qu'il lui appartiendrait encore d'ouvrir des négociations, de proposer au Pape un accommodement, au moins provisoire, si un accord complet et définitif ne paraissait pas encore possible. Il devait le faire depuis longtemps par égard

pour les droits violés et les consciences des citoyens,
dans l'intérêt du nouveau royaume et pour sa propre justification aux yeux de l'Italie et des trois cents millions à peu
près de catholiques qui composent en tout ou en partie les
nations du monde civilisé. Les circonstances pour faire ce
premier pas sur la voie de la justice étaient favorables.
L'intolérable condition de l'état présent des choses, le caractère apostolique du Pontife, à qui convient naturelle-
lement l'amour de la paix, les qualités personnelles de
Léon XIII, le manque d'un appui immédiat et efficace, et
l'abandon où ses adversaires, avec une visible satisfaction,
le prétendaient délaissé par les autres gouvernements,
tout cela pouvait faire croire au gouvernement italien que
le Pape, s'il y était invité, ne s'opposerait pas à un accord
qui sauvegarderait les devoirs de la conscience et l'honneur
du Saint-Siège.

Eh bien! ce premier pas vers un rapprochement, la
faction qui, depuis quarante ans, règle le sort de l'Italie,
n'a pas voulu et ne veut pas encore le faire [1]. Lorsque, en

1. Il est vrai, dans une des dernières séances du Sénat (28 juin
1889), le ministre Crispi a prétendu faire croire le contraire. « Il
aurait, disait-il, dès les premiers jours de son ministère, commencé,
par l'intermédiaire d'un prélat distingué, des négociations qui,
sans qu'il y eût de sa faute, n'ont eu aucun résultat. » Mais c'est
là une de ces insinuations ordinaires destinées à tromper les
gens simples et les sots. L'*Osservatore Romano* du 5 juillet 1889 en
dévoile ainsi la fausseté : « Voici en quoi consistèrent les négociations : pendant que toutes les autres basiliques de Rome étaient
conservées, c'est-à-dire qu'on en avait laissé l'administration au
Pape, seule la basilique de Saint-Paul avait été déclarée monument
national, et à ce titre l'administration en avait été dévolue à l'État.
L'injustice était flagrante, et, de plus, il en résultait un grave
préjudice à la basilique elle-même. C'est alors que l'abbé de Saint-
Paul, le Révérendissime P. Zelli, eut la pensée d'en revendiquer

diverses occasions, apparaissaient des écrits pour exalter
les avantages de la réconciliation sans même songer aux
moyens de l'exécuter, ils étaient comme une étincelle qui
en rallumait plus vivement le désir chez le peuple italien ;
et les plus ardents saluaient ce jour comme l'avant-cou-
reur du plus joyeux événement. Quoi qu'il en soit de ces
écrits, il reste toujours évident que faire alors une proposition de réconciliation aurait été pour le gouvernement
italien une excellente occasion de seconder le désir du
pays, et que n'avoir pas voulu la faire dénotait en lui le
ferme propos de n'en venir jamais à aucun accommodement, malgré la volonté de la nation. Il ne se soucia même
pas de sauver les apparences, et il s'obstina dans une
réserve menaçante.

Ce n'est pas tout. Voici qui va mettre en pleine lumière
le tort très grave de ce gouvernement. Dans le cours de
l'année 1887 et dans les premiers mois de 1888 parut une

l'administration pour le Pape, et qu'à cet effet il demanda au
Saint-Père la permission de négocier avec le gouvernement par
le moyen du P. Tosti. Le Saint-Père daigna y consentir, et le
P. Tosti, à la prière de l'abbé, se mit à l'œuvre. Les négociations,
tantôt pour une cause, tantôt pour une autre, traînèrent en lon-
gueur, et quand tout faisait croire qu'elles allaient réussir, pour
des raisons qu'il est inutile de rappeler, elles échouèrent. Telles
sont les seules négociations que le P. Tosti, avec permission de
ses supérieurs, a conduites, d'abord avec le comte de Robilant,
puis avec l'honorable Crispi. Mais l'honorable Crispi a dit au
Sénat que le P. Tosti avait mission de négocier une conciliation
entre le Saint-Siège et l'État italien. Eh bien ! que l'honorable
Crispi produise des preuves. S'il ne les donne pas, comme il n'a
pas donné celles que nous lui avons demandées naguère, quand il
affirma en pleine Chambre que le Pape intriguait pour défaire la
triple alliance, nous avons le droit de dire que le président du
cabinet italien en a menti. »

pétition rédigée conformément aux lois et adressée au Parlement. Elle rappelait les paroles de paix prononcées spontanément par Léon XIII dans son allocution du 23 mai 1887; elle demandait au Corps législatif d'accueillir comme il convenait cette invitation, en restituant à l'auguste chef de l'Église catholique la liberté et l'indépendance qui lui sont nécessaires. Les adhésions commencèrent à affluer; elles venaient toutes de citoyens qui étaient ou pouvaient être électeurs.

Nous ne recherchons pas ici quelle importance aurait pu acquérir cette pétition par le nombre et la qualité des souscripteurs au cas où elle n'eût pas rencontré d'obstacle. Voyons seulement comment les hommes qui gouvernaient alors au nom d'un parti se comportèrent en face de cette demande générale d'une réconciliation, demande conçue en des termes qui pouvaient être acceptés de tout libéral honnête.

Ce qui arriva, tout le monde le sait. Le gouvernement, qui d'abord avait méprisé la pétition et l'avait laissée circuler librement, la voyant se couvrir de souscriptions de plus en plus nombreuses (elle avait déjà atteint le chiffre de 550 000 signatures), déploya contre elle toutes les mesures arbitraires en usage dans les États soi-disant les plus libéraux : maires, employés, instituteurs destitués à la douzaine pour servir d'exemple aux autres, simples citoyens harcelés de vexations ou poursuivis de menaces.

Le cardinal Rampolla, se référant aux seuls actes officiels avoués par le gouvernement italien, put écrire que « les autorités gouvernementales avaient eu recours à des actes de violence et de véritable persécution ». Et cela uniquement pour étouffer une demande unanime d'accommodement.

Dès lors qui a des yeux pour voir et un esprit pour réfléchir devra reconnaître que si la réconciliation ne se fait pas, la première raison en est que la faction qui *domine aujourd'hui en Italie ne la veut pas*, et elle ne la veut pas quelle que soit la volonté de la nation.

Cette résolution obstinée, destituée de toute raison politique, non imposée par la volonté du peuple à qui, au contraire, elle est imposée ; cet étrange procédé trahissant, chez la faction actuellement au pouvoir, un plan qui n'est pas même agréé de tous les libéraux et qui lui vient par conséquent d'une école particulière, ligue ou secte comme on voudra l'appeler, voilà le premier élément capital et trop dissimulé que doit considérer attentivement quiconque veut juger de la *question romaine selon la réalité des choses*.

On a l'habitude de rejeter la faute du dissentiment actuel sur le Pape et de lui adresser à ce propos reproches, exhortations, conseils. Nous verrons tout à l'heure s'il pouvait agir autrement qu'il ne l'a fait. En attendant, soyons justes. La paix ne se peut conclure que si les deux contendants en ont la volonté. Or le gouvernement italien vient de montrer qu'il a une volonté toute contraire. Non seulement il ne fait aucune proposition, mais il traite en ennemis, en coupables, ceux qui demandent la conciliation. Il ne veut pas la paix et il n'en fait pas mystère.

A qui donc doit s'adresser d'abord le blâme de tous les Italiens honnêtes et loyaux, désireux, quelles que soient leurs idées politiques, de voir finir ce funeste dissentiment? Sur qui doit-on exercer la pression du mécontentement public et de la réprobation morale? car c'est la seule chose que redoutent encore les plus audacieux prévaricateurs lorsqu'ils trahissent leur devoir pour servir leurs passions ou les desseins de quelque secte particulière.

Fort bien, dira-t-on ; mais supposé cette aversion, inique tant que vous voudrez, mais inflexible, du gouvernement italien pour toute condescendance envers le Saint-Siège, il ne reste plus qu'un seul remède au mal, c'est que le Pontife romain dépose les armes, qu'il accepte explicitement ou implicitement les faits accomplis, et que, revêtant la mansuétude évangélique, il embrasse les spoliateurs et les traite désormais en amis, sans reproche et sans rancune.

Chose incroyable ! parmi tous ceux qui répètent de bonne foi un pareil raisonnement, pas un ne voit en quelle contradiction il se jette. Vous admettez, — et comment ne pas l'admettre?—dans l'Italie légale une hostilité systématique contre le Saint-Siège, et, vous appuyant là-dessus, vous conseillez au Pape de céder et d'en venir à un accord. Mais comment ne voyez-vous pas que cette disposition une fois constatée chez le gouvernement italien, toute la condescendance du Pape ne pourrait, même d'un seul pas, nous rapprocher de la conciliation si désirée?

Supposons que les bras du Vicaire de Jésus-Christ s'ouvrent pour un paternel embrassement. Concevez-vous que l'Italie *légale* vienne s'y précipiter, je ne dis pas de bon cœur, mais seulement pour la forme, elle qui, sans la moindre raison politique, repousse si fièrement toute parole de conciliation? Mais réfléchissez donc un instant sur cette considération, que nous aurons peut-être l'occasion de développer ailleurs. Dans les premières années du mouvement actuel qui conduisit à l'invasion de Rome, les moins clairvoyants pouvaient encore ne pas découvrir les fins occultes et perverses de la Révolution. Mais aujourd'hui, ce serait le fait d'une cécité volontaire et obstinée de ne pas voir que cette Révolution, étrangère à toute croyance aux promesses divines, tendait et tend toujours à la ruine totale de l'Église. Aujourd'hui on proclame, et hautement, que l'usurpation du domaine temporel du Pape n'était pas le but, mais un moyen pour arriver à la destruction du pouvoir spirituel; que le triomphe de l'occupation de Rome n'est pas tant d'avoir accompli la fameuse unité de l'Italie. comme on le faisait jadis répéter aux sots et aux hypocrites, que d'avoir donné l'occasion et le pouvoir d'ériger le trône de Satan là où, depuis des siècles, se trouvait le centre du royaume de Jésus-Christ. La Révolution veut déchristianiser la société et le monde; et par conséquent elle brûle d'une haine implacable contre l'Église catholique et son chef suprême. Si donc la pauvre Italie était tombée précisément aux mains de ces ennemis déclarés du nom chrétien; si, de plus, ceux qui tiennent les rênes du gouvernement ne voulaient pas ou ne pouvaient pas se soustraire à leur tyrannique domination, soyez de bonne foi et dites-nous quelle condescendance de la part du Pape sur le terrain du pouvoir temporel pourrait être suffisante pour rétablir la paix désirée?

Mais il est temps d'examiner plus à fond les raisons pour lesquelles le Souverain Pontife continue sans cesse à protester contre la spoliation du Saint-Siège. Car si ces raisons sont de telle nature qu'elles ne lui permettent pas de s'endormir sur ce fait inique ni d'en supporter silencieusement les conséquences, toute la faute du dissentiment et tout le dommage qui en résulte pèseront exclusivement sur la faction dominante et sur son opiniâtre aversion à

tout accommodement. — L'examen des raisons qui obligent le Pape à ne pas se désister de ses protestations est
ici d'une importance décisive ; et ici aussi nous devons en-
visager loyalement la *réalité des choses*.

LES PROTESTATIONS DU PAPE

CENSURES ET CONSEILS CONTRAIRES

Dès le premier acte de spoliation, l'invasion de 1860, qui enlevait au Saint-Siège la plus grande partie de son domaine, le souverain pontife Pie IX, alors régnant, commença à protester contre la sacrilège usurpation. Ses protestations, à la suite de nouveaux attentats, redoublèrent de vigueur, lorsque, en 1870, assailli jusque dans sa ville pontificale, il se vit dépouillé par la force des armes de toute souveraineté.

Par là, non seulement la spoliation était complète, s'étendant sur la capitale du monde catholique, le siège de ses offices, de ses tribunaux, de ses instituts ; mais elle plaçait le Pontife romain dans un état de dépendance personnelle incompatible, soit avec la dignité du chef de l'Église catholique, soit avec le convenable exercice de ses suprêmes fonctions. Dès lors la revendication d'une souveraineté temporelle qui garantît au Pontife une vraie et manifeste indépendance dans ses actes devint l'objet le plus urgent des protestations du Pape et des catholiques de l'Italie et du monde entier.

Léon XIII, arrivé au trône pontifical, continua et continue encore les mêmes protestations que son prédécesseur. Il a protesté vouloir *sauvegarder ses droits toujours et en tout ;* il a déclaré que la réconciliation qu'il désire avec le royaume d'Italie devait avoir *pour base la justice et la dignité du siège apostolique*[1]. Il le répète dans sa lettre au cardinal Rampolla, pour corriger ceux qui, triomphant avec éclat de son désir de la paix, l'avaient malignement dénaturé en ne tenant aucun compte de ses paroles.

Ainsi le Pape soutient hautement tous les droits du Saint-Siège ; il le devait faire et il le fera toujours, alors même qu'il se résignerait, pour quelques-uns de ces droits, à en voir la restitution différée. Quelle sera à ce sujet la conduite du Souverain Pontife, au cas où s'ouvriraient des négociations ? Il n'appartiendrait à personne de le lui prescrire, et il serait inutile de le conjecturer. Ce qu'on peut affirmer avec certitude, c'est qu'il ne consentira jamais de fait à un accommodement qui ne comporterait pas une *vraie souveraineté territoriale suffisante pour garantir sa réelle et manifeste indépendance*. C'est d'ailleurs l'objet principal de ses continuelles protestations, comme c'est l'objet des plus vifs désirs, des exigences et des plus fermes espérances de tous les catholiques. Ce qui ne veut pas dire que le Pape renonce à la pleine restitution des spoliations dont l'Église a été la victime.

Quelles seraient les conditions précises que le Souverain Pontife aurait l'intention de proposer, eu égard aux circonstances et à l'état actuel de la société ? Jusqu'à présent, il ne l'a jamais dit, et il ne pouvait pas le dire, tant que ne serait pas accepté le principe toujours maintenu par lui de la nécessité d'une vraie souveraineté temporelle pour l'indépendance de son pouvoir spirituel. Mais comme le Pape n'a jamais laissé entendre qu'il limitait ses

1. Allocution du 23 mars 1887.

revendications à une miniature de domaine, telle que serait la cité léonine, avec une bande de terre jusqu'à la Méditerranée ; qu'au contraire, il a insisté à plusieurs reprises sur la restitution de Rome ; c'est là-dessus aussi que les catholiques ont fait porter tout d'abord leurs protestations et leurs espérances, suivant en cela, du reste, ce que leur dictait leur propre conviction ou, pour mieux dire, le sens commun.

Donc, la restitution de Rome au Souverain Pontife, avec la restitution d'un domaine pontifical convenable, voilà la première chose que les catholiques désirent, veulent et attendent.

Hâtons-nous d'ajouter que si le Pape, et avec lui les catholiques, persistent immuablement à demander l'indépendance politique du chef de l'Église, ils sont les premiers à reconnaître, sans qu'on se fatigue à le leur démontrer, que les circonstances publiques de l'Europe ne leur offrent pas pour le moment de grandes espérances de voir leur désir immédiatement et pleinement satisfait. D'où il ne faudrait pas conclure qu'il soit impossible ni tout à fait improbable de le voir réalisé, même assez prochainement.

Contre cette attitude persévérante de deux Papes et du monde catholique, se sont élevés, non seulement les hommes du parti ouvertement hostile au catholicisme, comme il fallait s'y attendre, mais aussi, dans le cours de nombreuses années, quelques voix isolées qui se disaient amies, obéissantes à l'autorité du Vicaire de Jésus-Christ, et préoccupées uniquement du vrai bien de l'Église.

Quelques écrits de ce genre ont été mis à *l'Index*, et pas un homme sage ne trouvera à redire, que, dans une société où la chose la plus importante est l'esprit de discipline et la parfaite obéissance, on ait procédé de la sorte contre des publications qui se permettaient de censurer ouvertement les actes du Souverain Pontife.

Quand même, ce qui n'est pas, l'Église aurait été fondée par Jésus-Christ sur le principe de la souveraineté du peuple, cette censure n'était pas moins blâmable, car nous voyons que, dans les royaumes constitutionnels modernes fondés sur ce principe, les actes du chef de l'État sont soustraits à la discussion publique, et quiconque se permet de les censurer est sévèrement puni de par la loi.

Mais cela soit dit en passant, et non pour anticiper sur aucune question, d'autant plus que la mise à *l'Index* d'un livre n'indique pas explicitement les erreurs particulières qui y sont contenues ; et les erreurs qu'il contient, il reste toujours à les dévoiler et à les réfuter selon les principes de la raison et de la saine théologie.

Voici donc à quel point de vue on aime à se placer aujourd'hui pour censurer les protestations du Pape : « Qu'on admette toute la réalité des droits du Saint-Siège à une souveraineté temporelle, qu'on admette l'iniquité sacrilège de la spoliation opérée et maintenue. Tout cela appartient à l'ordre moral ; dans l'ordre matériel, il convient de considérer la réalité des choses. A la bien étudier, chacun doit se convaincre que le rétablissement d'une semblable souveraineté est chose tout à fait impossible, de quelque façon qu'on l'envisage, et par quelque moyen que ce soit. Les protestations n'atteignent donc pas le but, qui est d'obtenir ce rétablissement. D'un autre côté, la lutte ainsi soutenue par le Pape use toutes les forces et creuse toujours plus profond l'abîme qui sépare l'Italie de la papauté ;

elle est extrêmement désastreuse et de nature à réduire à l'extrémité le catholicisme dans toute la péninsule. Dès lors, que devrait faire le Pape ? Renoncer à ses droits et à son indépendance politique ? Il serait absurde de le demander, et à lui il serait illicite et impossible de l'accorder. Il y aurait pourtant un moyen : qu'on fasse une trêve, et puis nous ferons la paix. Que la trêve soit le *silence*. En d'autres termes, le Pape devrait cesser toutes ses inutiles et nuisibles protestations, se résigner au mal que Dieu permet, et se taire. Cette conduite sauverait le droit, abattrait sensiblement les colères, diminuerait les défiances contre l'Église, et peu à peu rapprocherait, préparerait une solution : la solution, à vrai dire, ne pourrait jamais être que celle de la miniature d'État pontifical dont il a été question plus haut. Une fois effectuée, et l'embrassement si désiré étant donné par le Vicaire de Jésus-Christ à la famille royale, alors tous les maux seront terminés, et les biens se répandront abondamment sur l'Italie, au grand soulagement de l'État et de la religion ; alors cessera même cette funeste division entre libéraux et catholiques ; l'impiété aura la bouche close, la religion redeviendra reine et verra son triomphe assuré. »

Pour qui ne se dissimule pas combien il est difficile de se figurer entre les bras du Pontife, non plus le roi, mais les hommes qui ont en main le gouvernement de l'Italie, tout cela paraîtra un rêve, et, de fait, cela finit par paraître un rêve, même à celui qui l'a écrit. Laissant donc les rêves et revenant à la réalité des choses, il faut prévoir le cas plus que probable où ces résultats prochains ou peu éloignés du *silence* pontifical ne seraient jamais obtenus.

« Eh bien ! continue-t-on, même dans cette prévision, le Pape devrait cesser ses irritantes protestations. Avec le temps les esprits se calmeraient, la vérité se frayerait son chemin, et, en attendant, on arriverait peut-être à empêcher des lois très funestes à l'Église, comme celle sur les *œuvres pies* et sur le *divorce*. »

Telle est en somme la ligne de conduite que l'on a voulu conseiller au Saint-Père, ou plutôt présenter aux catholiques, comme la seule avantageuse à l'Église.

On la déduit de la prétendue impossibilité qu'il y aurait de restituer au Pape une souveraineté territoriale suffisante au moins pour lui assurer l'indépendance politique, et des dommages qui dérivent de la persistance du Pape à la réclamer.

Laissons de côté, dit-on, la question des droits ; attachons-nous aux faits. Vraiment ! comme si un artifice de dialectique nous pouvait dispenser des grandes lois de la morale !

Qu'on ne s'y trompe pas. Dans une question concernant la violation d'un droit même individuel et d'intérêts même purement terrestres, ne vouloir considérer qu'un côté, celui des faits, est une méthode radicalement immorale.

Sans doute il se présente des cas où l'inutilité manifeste des revendications et la prévision certaine d'un plus grand mal persuadent à l'offensé de se résigner aux torts qu'il a éprouvés, et même de renoncer à toute protestation ; mais accorder indirectement cette victoire à l'iniquité est un des actes les plus scabreux pour qui doit en assumer la responsabilité, surtout lorsqu'il est question, comme ici, de la violation de droits sacrés, d'intérêts très graves et universels. En règle générale, tout chrétien, tout homme même

qui a le sens de l'honnêteté, voulant discuter sur une violation de la justice, doit mettre au-dessus de toutes ses autres
considérations et de ses tendances personnelles le triomphe
du droit et la juste subordination des intérêts inférieurs
aux intérêts supérieurs.

Dans la conscience de l'honnête homme le droit opprimé
doit toujours trouver cette faveur bienveillante qui se
traduit en paroles par une défense efficace; et l'injustice,
cette profonde horreur qui nous épargne au moins la tache
d'une coupable connivence.

Si, au contraire, pendant que le défenseur d'un droit
violé réclame justice, quelqu'un se jette à la traverse, alléguant l'impossibilité de la réparation, celui-là doit être
avec raison compté parmi les complices du délinquant.

L'impossibilité vraie ou présumée de réparer le mal est
pour les oppresseurs de la justice le refuge le plus sûr;
c'est là qu'ils se retranchent, espérant bien y sauver le
fruit de leur iniquité et se moquer en face de la justice op-
primée. Leur ouvrir de sa propre main un tel refuge, n'est-
ce pas la pire des complicités? Et cette complicité on ne
l'esquive point par une platonique réprobation des injustices
commises ni par des protestations réitérées du regret que
l'on en éprouve. Beaucoup moins encore si, au milieu de
ces vaines protestations, on travaille directement à désar-
mer, à discréditer, à rendre odieux non plus les oppresseurs,
mais les défenseurs du droit.

Voilà, en fait, à quoi se réduit cette insidieuse maxime,
qui prétend mettre de côté les raisons du droit et ne considérer que la seule *réalité* des choses; voilà où elle conduit des hommes d'ailleurs honnêtes : à l'extrême limite où
puisse arriver la perversion morale; et, j'ai regret de le

dire, tous les écrits où cette maxime a été prise pour base trahissent cette funeste tendance. Ils ne travaillent effectivement qu'à une seule chose, à détourner l'indignation des honnêtes gens loin des spoliateurs et des oppresseurs de l'Église, pour la reporter tout entière sur le Vicaire de Jésus-Christ, qui en soutient les intérêts.

Il y a plus : cette maxime, examinée de plus près, se résout d'elle-même en un paradoxe, et devient sur les lèvres de ces censeurs inconsidérés un simple cliquetis de paroles.

En effet, quelle que soit l'importance qu'on veuille donner aux faits, il devient logiquement impossible de les séparer du droit, toutes les fois que le droit crée lui-même un autre ordre de faits, tout aussi réels que les premiers.

Le Souverain Pontife proclame hautement que la souveraineté temporelle lui est nécessaire pour pouvoir gouverner convenablement l'Église. Or, on a beau exagérer ici les intérêts d'une nation ou plutôt l'injuste tyrannie d'un parti, on ne saurait pourtant perdre de vue les intérêts et la force d'une société comme l'Église. Cela est impossible pour des croyants qui voient en cette société une institution divine, ayant un but surnaturel, destinée au salut des plus hauts intérêts de chaque homme en particulier, chargée d'une mission universelle et dirigée par une spéciale Providence de Dieu, qui la fit toujours sortir victorieuse et libre des mains de ses ennemis. C'est non moins impossible pour quiconque envisage les choses du côté purement humain. Une situation qui trouble une société d'environ trois cents millions d'hommes, composant en tout ou en grande partie les nations civilisées, est manifestement violente, et destinée à se changer en une autre. Les circonstances présentes eussent-elles une solidité et une stabilité qui n'est pas le propre des situations humaines, il n'y a barrière ou digue qui ne doive céder tôt ou tard au travail d'un grand fleuve, dont on a intercepté le cours. Dans la création les grandes forces s'équilibrent, elles ne s'anéantissent pas.

Dès lors si l'on démontre évidemment la nécessité du domaine temporel du Pape pour le gouvernement de l'Église, il s'ensuit que l'impossibilité de le rétablir est fortement ébranlée, soit en elle-même, soit en notre conviction. En elle-même, parce que le mécontentement et le dommage d'une société aussi vaste que l'Église et aussi pleine de vie tendent toujours à produire un nouvel ordre de circonstances qui lui soient favorables. En notre conviction, parce que si nous jugeons facilement impossible le remède à un mal qui nous semble tolérable, cette impossibilité cesse le plus souvent de nous paraître aussi évidente, quand le mal est tellement grave qu'il n'y a pas apparence qu'on le puisse supporter.

Par conséquent, chercher à démontrer l'existence et la gravité de cette nécessité du domaine temporel n'est pas une question abstraite ni de pur droit : elle tient aux faits et à la réalité des choses.

Si cette nécessité existe, elle sera le premier motif pour admettre que le Pontife ne peut renoncer à ses protestations, et en même temps la première raison de mettre en doute la prétendue impossibilité que ses protestations obtiennent jamais le succès désiré.

LA NÉCESSITÉ DU POUVOIR TEMPOREL

AUX YEUX DES CATHOLIQUES
SELON L'ENSEIGNEMENT DE L'ÉGLISE

Quoique notre intention soit de discuter en lui-même le fait de la nécessité d'une souveraineté temporelle pour que le Souverain Pontife puisse aujourd'hui gouverner convenablement l'Église, nous ne pouvons pas néanmoins nous dispenser, comme catholiques, de rappeler ici ce que l'Église elle-même enseigne sur ce point.

Supposons d'abord ce qui est admis par tous les catholiques, savoir : lorsque le Vicaire de Jésus-Christ et tout l'épiscopat s'accordent à enseigner une doctrine concernant le gouvernement universel de l'Église, en ce cas une assistance spéciale qui leur a été promise par Jésus-Christ a lieu, et chacun des fidèles est obligé strictement d'accepter cette doctrine et d'y conformer son jugement. Certains esprits faibles voient dans cette obéissance une servitude imposée à la raison. Les vrais catholiques, au contraire, fermes et conséquents, y trouvent un guide sûr qui les préserve de l'erreur en des questions où plus d'un génie même sagace bronche quelquefois d'une façon déplorable.

Dans les questions scientifiques, chacun se fait un mérite d'accepter les oracles de la science, c'est-à-dire les conclusions souvent très fausses des savants. Dans les questions d'un ordre supérieur, le catholique accueille avec joie les décisions de l'Église; et il a cet avantage que si, dans le premier cas, il s'incline devant la raison humaine de son semblable, dans le second cas il s'incline devant l'autorité de maîtres humains sans doute, mais alors spécialement assistés par le Maître divin.

Or, en ce qui concerne la présente question, ce n'est pas seulement de nos jours que la souveraineté temporelle du Souverain Pontife a été regardée comme intimement liée à l'indépendance de son gouvernement spirituel.

L'institution du patriciat et de l'empire, à laquelle donnèrent occasion les entreprises des Lombards pour la conquête de Rome, avait pour but principal la protection du principat civil des papes, et cela, comme l'écrivait le pape saint Nicolas Ier (858-867), *ad Sanctæ Romanæ Ecclesiæ* LIBERTATEM *et sublimitatem*[1].

C'est pourquoi le protestant Gregorovius, exprimant l'idée qui sous ce rapport a prévalu toujours dans l'Église depuis l'époque de Charlemagne, écrivait : « *La métropole de la chrétienté*, représentant un principe universel, *devait être libre*, et l'accès devait en être ouvert à tous les peuples ; et le Souverain Pontife, qui y avait son siège, *ne devait être sujet d'aucun roi...* Ce fut cette idée qui conserva au Pontife jusqu'à nos jours le petit État de l'Église[2]. »

Et ailleurs : « L'existence d'un État ecclésiastique romain, même en situation aussi misérable (durant la lutte des Investitures) *était la condition essentielle de l'indépendance spirituelle du Pape*[3]. »

1. Nicolai I, epist, LXXX. Migne, *Patrolog. lat.*, tom. CXIX.
2. Gregorovius : *Storia della città di Roma nel medio evo.* Trad. dal Manzato. Vol. III, p. 5.
3. *Ibid.* Vol. IV, p. 386.

Pour attester l'antiquité de cette doctrine, il convient de rappeler la constitution du pape Nicolas III, *Fundamenta militantis Ecclesiæ*, publiée en 1278 ; elle se présente aujourd'hui avec toute la fraîcheur d'un document contemporain, tant les maximes qu'elle expose sont évidentes et de circonstance.

Le but de la constitution est d'interdire absolument à tout souverain, empereur, roi ou puissant seigneur, l'accès aux fonctions municipales de Rome. *Ut nullus imperator, seu rex, marchio, dux, comes aut baro... in senatorem, capitanum, patricium aut rectorem, vel ad ejusdem regimen seu officium nominetur, eligatur* [1].

Aucun prince, aucun souverain étranger ne devait venir siéger à Rome à côté du Pontife ; c'est pourquoi on leur fermait à tous la voie détournée par laquelle quelques-uns y étaient arrivés autrefois, en se faisant élire par le peuple magistrats de la cité.

Pourquoi cette exclusion ? Quel est le motif allégué par le pape Nicolas III ? La nécessité pour le chef de l'Église d'être pleinement libre en ses actes, lui et ses conseillers ; car c'est pour cela, dit-il, que Rome a été cédée aux Pontifes : *Ut ipsa Petri sedes in Romano jam proprio solio collocata* LIBERTATE PLENA *in suis agendis per omnia potiretur.* « En effet, continue-t-il, il convient que le Pontife romain reçoive de ses frères les cardinaux de la sainte Église romaine des conseils donnés en toute liberté ; qu'ils l'assistent comme coadjuteurs dans l'accomplissement du devoir sacerdotal ; que les jugements du Pape

____

1. **Sext. Decret. L. I, tit. VI.** *De electione et electi pot.*

lui-même ne soient ni incertains ni vacillants ; que nulle crainte d'un pouvoir séculier n'épouvante ses frères, que nulle faveur ne les captive, que rien ne les détourne des solides et vrais conseils ; que l'élection elle-même du Pontife romain, vicaire de Jésus-Christ, quand elle est devenue nécessaire, et que l'élection des cardinaux aussi, quand il est expédient d'en promouvoir, se fassent en toute liberté [1]. »

Si le pape Nicolas III avait voulu énumérer tous les inconvénients que la présence à Rome d'un autre souverain politique, lors même qu'il ne s'arrogerait pas ouvertement la souveraineté, produirait dans le gouvernement de l'Église, la matière ne lui aurait pas fait défaut. Mais la liberté du gouvernement ecclésiastique fut toujours le point vital ; et, pour la conserver tout entière, les papes s'appliquèrent toujours avec le plus grand soin à revendiquer la souveraineté pontificale. Cinq cents ans après la constitution *Fundamenta* de Nicolas III, le pape Pie VII, prisonnier, sollicité par Napoléon Ier à souscrire un traité, lui répondait : « Rendez-moi Rome, et là, devenu libre, je pourrai traiter avec vous. » Et près d'un siècle plus tard nous entendons la voix de Léon XIII, qui, du haut de la chaire de saint Pierre, continue à revendiquer le principat civil, comme « garantie au siège apostolique d'une solide et constante indépendance dans l'exercice de son auguste et suprême ministère ».

---

1. Decet namque ipsi Romano Pontifici per fratres suos, sacrosanctæ Ecclesiæ Cardinales, libera provenire judicia. Decet ipsius nullo modo vacillare consilia. Decet ut fratres ipsos nullus secularis potestatis metus exterreat, nullus temporalis favor absorbeat, nihil eos a veri consilii soliditate removeat... ipsaque Romani Pon-

Mais de nos jours cette doctrine si ancienne, si constante dans l'Église, est entrée en une phase d'enseignement plus explicite et plus solennel, et cela par une disposition de la divine Providence qui voulait ainsi guider et soutenir les fidèles dans la lutte présente, où la guerre déclarée à l'Église cherche à se dissimuler sous le masque d'une question politique.

En effet, au commencement de 1859, à peine l'occupation des Romagnes eut-elle inauguré la spoliation du Saint-Siège, que le souverain pontife Pie IX, alors régnant, adressa à tout l'épiscopat une encyclique où il déclarait explicitement et solennellement « le principat civil nécessaire au Saint-Siège, afin de pouvoir exercer sans obstacle son pouvoir sacré pour le bien de la religion[1] ». Et l'année suivante, en infligeant les peines ecclésiastiques aux auteurs de l'inique usurpation, il insistait sur cette ancienne doctrine, que Dieu avait investi le siège de saint Pierre du principat civil, pour protéger et conserver la liberté du ministère apostolique [2].

A ces déclarations, tout l'épiscopat catholique, d'un consentement unanime, donna son adhésion, comme un enseignement du Maître suprême, et comme tel, le pro-

tificis Vicarii Dei, quæ suis temporibus occurret, electio, et eorumdem Cardinalium, cum expedierit, facienda promotio, in omni libertate procedant. *Ibid.*

1. Necessarium esse palam edicimus Sanctæ huic Sedi civilem principatum, ut in bonum Religionis sacram potestatem sine ullo impedimento exercere possit. *Epist. encycl. Pii IX*, die 18 jun. 1859.

2. Quo (civili principatu) Deus hanc Beati Petri sedem instructam voluit ad apostolici ministerii libertatem tuendam atque servandam. *Litteræ apost. Pii IX*, die 26 mart. 1860.

posa à tous les fidèles. Pour plus de solennité encore, il déclara lui-même, en un document collectif, que « dans l'état présent des choses humaines le principat civil du Saint-Siège est tout à fait nécessaire au bon, au libre gouvernement de l'Église et des âmes [1] ».

Dès lors la nécessité du domaine temporel, **au sens** qui vient d'être énoncé, est devenue un enseignement **catholique**, qui doit être reçu et suivi par tous les vrais enfants de l'Église.

Le fait et la valeur de cette déclaration sont si manifestes, que les censeurs de l'attitude de protestation maintenue par Léon XIII n'ont pas même songé à les révoquer en doute. Mais comme elles sont d'un autre côté la justification éclatante de cette attitude, ils ont essayé d'en éluder la conséquence.

Ils ont dit : « Le pouvoir temporel est nécessaire, comme il a été déclaré plusieurs fois, mais non absolument ; il est nécessaire *relativement*, et peut-être le mot *relativement* conservant sa force pour le passé la perd dans le présent et pour l'avenir. »

Ce qui paraît le plus clair dans cette phrase embrouillée, c'est que son auteur a eu honte de dire clairement ce qu'il voulait cependant faire entendre.

En somme, il a voulu dire ceci : La déclaration par

1. « In præsenti humanarum rerum statu ipsum principatum civilem pro bono ac libero Ecclesiæ animarumque regimine omnino requiri. » C'est ce qu'on lit dans l'adresse présentée à Pie IX par plus de trois cents archevêques ou évêques présents au consistoire du 9 juin 1862, en leur nom et au nom de leurs frères absents. Mais depuis trois ans déjà ils prêchaient cette doctrine, et les peuples la recevaient avec des marques extraordinaires d'un chaleureux assentiment.

laquelle l'Église enseigna, il y a quelques années, la nécessité du domaine temporel dans les *circonstances présentes*, peut bien être vraie pour le passé, mais ne peut plus être tenue pour vraie cette année-ci ni les suivantes, parce que les circonstances sont changées.

Au seul énoncé d'un tel subterfuge on comprend pourquoi l'auteur, qui cherche avec tant de soin à sauver les apparences d'obéissance et de respect à l'autorité de l'Église, a dû l'envelopper dans une formule équivoque; tant il est à la fois téméraire et puéril!

Nous pourrions remarquer d'abord que les déclarations du Pape relativement à la nécessité du domaine temporel ne distinguent pas entre les temps, et que par conséquent ces expressions de l'adresse des évêques : *In præsenti humanarum rerum statu, dans l'état présent des choses humaines,* fussent-elles traduites par ces mots : *dans les circonstances présentes,* ne peuvent s'entendre en un sens restrictif.

Mais quand même, en dépit du bon sens, on leur donnerait cette signification, est-ce que par hasard, dans ces trente dernières années, les circonstances ont été changées en faveur du Pape assez heureusement pour lui garantir le convenable exercice de son ministère, dans sa condition actuelle de sujet? Évidemment non, répondent les faits. Et si quelqu'un voulait à toute force en douter; dans le doute, c'est au Pape assurément et à lui seul qu'il appartiendra de déclarer non existante la condition dont on suppose que dépendrait jour par jour la validité de l'une de ses décisions; et le lendemain du jour où cette décision fut publiée, si quelqu'un s'était permis de ne plus l'accepter, alléguant pour excuse que les circonstances d'hier ne sont plus celles d'aujourd'hui, pourrait-on croire qu'il a ainsi justifié sa rébellion; ne l'aurait-il pas au contraire aggravée par la moquerie ?

Et pourtant cette échappatoire est encore interdite aux esprits vacillants, car le même enseignement est renouvelé sans cesse tant par le Pape que par l'épiscopat tout entier. Jusqu'aujourd'hui Léon XIII continue à proclamer, comme ses prédécesseurs, que « le principat civil des papes est empreint d'une forme sacrée qui lui est propre, parce qu'il contient en lui-même la sûre et durable liberté du siège apostolique dans l'exercice de son auguste et suprême ministère [1] ». Et, pour confirmer ces paroles, il signale les entraves toujours nouvelles qu'il rencontre dans l'exercice de ses augustes fonctions, et celles plus graves que précisément les *circonstances actuelles* lui font prévoir [2]. Pareillement les évêques du monde entier continuent jusqu'aujourd'hui à protester et à réclamer le pouvoir temporel, parce qu'il est nécessaire de la manière indiquée plus haut.

Et après cela, osera-t-on sérieusement avancer cette opinion que peut-être l'Église, en déclarant la nécessité du principat civil pour le Pape, avait en vue *les temps passés, mais non le présent ni l'avenir ?*

De ces subtilités sophistiques à une opposition ouverte contre l'enseignement authentique de l'Église, il n'y a

1. In quo quidem principatu... inest similitudo et forma quædam sacra, sibi propria, nec cum ulla republica communis, propterea quod securam et stabilem continet Apostolicæ Sedis in exercendo augusto et maximo suo munere libertatem. *Allocut. habita die 24 mart. an. 1884.*

2. Ista quidem acerba : acerbiora præsentimus et pati parati sumus. *Ibid.*

qu'un pas. Et ce pas, certains écrivains catholiques, qu'ils
s'en aperçoivent ou non, le franchissent, quand ils insinuent que les sollicitudes du principat civil détourneraient
le Pape de s'appliquer comme il convient aux affaires
ecclésiastiques. C'est bien là en effet représenter ouvertement comme préjudiciable au suprême gouvernement de
l'Église cette souveraineté que l'Église elle-même continue
à déclarer nécessaire.

Mais si ce danger existait ailleurs que dans l'imagina-
tion ou plutôt les fictions de ceux qui y trouvent leur
intérêt, l'histoire des papes, pendant les mille années et
plus de leur souveraineté civile, l'aurait mis en pleine
lumière et en fournirait des preuves à foison. Or, de ces
preuves il n'y en a pas, jamais on n'en a pu trouver une
seule. Au contraire, l'histoire elle-même nous montre les
pontifes de la plus éminente sainteté, ayant à cœur de
conserver au Saint-Siège et administrant par eux-mêmes
le principat civil, sans y apercevoir le danger ou le dommage si redouté de nos imprudents zélateurs; et elle nous
montre en général tous les papes souverains, administrant
les deux gouvernements de façon que le spirituel n'a
jamais souffert le moins du monde des soins donnés au
temporel, et que, pour le temporel, les sages lois qu'ils ont
publiées sont devenues des modèles de bonne administration. Mais c'est assez sur ce point. Pour notre sujet il nous
suffit d'avoir indiqué comment la passion politique peut
aveugler même un catholique, au point d'en venir, malgré
le témoignage de toute l'histoire, à regarder comme un
mal ce que l'Église déclare être pour elle un secours nécessaire.

Et là ne s'arrête pas encore leur zèle, qu'on devrait

appeler pharisaïque, si l'inconsidération humaine ne prenait souvent la place de la malice. Ils vont jusqu'à sophistiquer sur la nature de l'indépendance et de la souveraineté, que le Souverain Pontife revendique comme lui étant nécessaires pour le convenable exercice de ses hautes fonctions, et ils insinuent de mille manières que la seule indépendance qui lui soit vraiment nécessaire est celle qui résulte d'une inflexible rectitude. Ils font dire au Pape : « La souveraineté temporelle m'est nécessaire pour être vraiment libre... vous ne voulez pas me la donner? Eh bien! je la trouverai dans mon cœur. » — Arrière les sophistes!... Ou bien, avec ces phrases de rhétorique, vous voulez faire croire que l'Église, en déclarant nécessaire au Pape l'indépendance politique, entend parler de la constance sacerdotale, et cela n'est plus une interprétation, mais une moquerie outrageante et sacrilège; ou bien vous voulez insinuer que la seule chose vraiment nécessaire au Pape, et dont il doive uniquement se préoccuper, c'est la constance sacerdotale; et alors vous feriez mieux de dire sans ambages que vous rejetez l'enseignement de l'Église; mais la nécessité du domaine temporel, au sens qu'elle nous l'a déclaré, n'en resterait pas moins évidente aux yeux de la raison.

LA NÉCESSITÉ DU POUVOIR TEMPOREL

DU SAINT-SIÈGE

AUX YEUX DE LA RAISON

Il y a certaines garanties, certaines conditions si évidemment nécessaires au bon gouvernement d'une société civile quelconque, et tellement inséparables de sa dignité, qu'il serait absurde de les mettre en question. Telle est entre autres l'indépendance politique de celui qui siège au gouvernail de cette société.

Sans doute les chefs d'un État doivent posséder cette indépendance morale qui, en toute circonstance, ne prend conseil que de la justice et du bien commun. Mais ici nous parlons des conditions et des garanties extrinsèques, sans lesquelles l'indépendance personnelle des chefs d'État, fût-elle maintenue, ne suffirait pas à la tâche; sans lesquelles on ne pourrait pas espérer, ni même supposer, qu'elle pût se maintenir.

Supposons que l'Italie doive être gouvernée par un roi et un parlement qui résideraient à Vienne, seraient entretenus par le gouvernement autrichien, soumis à l'influence de ses grâces et de ses disgrâces, et dépendraient de lui pour l'expédition des affaires. La monstruosité d'un tel régime saute aux yeux de chacun, et il n'y a pas un Italien qui ne la regarderait comme une servitude honteuse, funeste, intolérable.

Or, l'Église catholique, qu'on le veuille ou non, est une société parfaite, plus grande par son étendue qu'une société civile quelconque, supérieure à toutes par son caractère religieux et surnaturel; et, même humainement, si respectée, si redoutée que ses ennemis, quand ils l'oppriment, sont encore contraints de reconnaître ses droits et de feindre hypocritement le souci de ses intérêts.

Pendant que le gouvernement italien, rassuré par la franc-maçonnerie qui domine dans tous les États les plus puissants de l'Europe, se disposait à accomplir l'occupation de Rome, M. Visconti Venosta, ministre des Affaires étrangères, s'empressait de déclarer publiquement que « l'Italie devait régler *avec le monde catholique* les conditions selon lesquelles serait transformée la souveraineté pontificale ». M. Cadorna, ambassadeur à Londres, assurait à lord Granville que l'on établirait pour l'indépendance du Pape toutes les garanties *exigées par les intérêts religieux des autres nations catholiques de l'Europe.* Des déclarations semblables et aussi empressées furent faites à Paris, à Madrid, à Bruxelles, puis confirmées par Visconti Venosta qui alla jusqu'à dire que « les gouvernements *rempliraient un noble devoir s'ils se mettaient d'accord en faveur du chef de l'Église sur les garanties suffisantes pour tranquilliser et satisfaire les consciences* ».

Ces déclarations affectées, pour n'avoir pas été sincères, n'en démontrent que mieux la crainte respectueuse que l'Église inspire encore à ses ennemis triomphants.

Eh bien! le chef de cette société, parfaite dans sa constitution, immense par sa grandeur, peut-il vivre sujet d'une puissance quelconque sans un insupportable déshonneur pour lui, et sans préjudice pour son gouvernement? Évi-

demment non ; et voilà précisément ce que disent les papes
et leurs protestations.

Si obligés que soient les chefs de toute société, de se
maintenir inaccessibles à toute influence étrangère, néanmoins les constituer en un état de dépendance matérielle,
c'est les mettre en une tentation permanente à laquelle il
est à présumer, en règle générale, que beaucoup d'entre
eux finiront par succomber.

Admettons cependant que les papes, étant choisis parmi
les plus dignes et les mieux doués de courage et de magna-
nimité pour le gouvernement de l'Église universelle, ré-
sisteront presque toujours. Mais leur élection elle-même
sera continuellement exposée au péril des influences de
parti, si elle doit se faire par des électeurs qui ne sont
plus assez indépendants, sur un territoire non libre, soumis
à un gouvernement particulier et peut-être même franc-
maçon. Qu'on se rappelle ce que, sur ce point capital, le
pape Nicolas III exposait avec tant de sagesse, en des
temps bien meilleurs.

Supposons toutefois que cette élection, par un miracle
évident, tombe toujours sur des hommes au cœur fort,
inaccessible à toute influence : cette indépendance morale
sera-t-elle visible comme il convient, aux yeux de leurs
sujets ? Oui, mais en un seul cas ; c'est lorsque leurs actes
seront en opposition avec les intérêts et les désirs du gouvernement civil de la nation ; et c'est ainsi que les catholiques du monde entier ont toujours reconnu l'indépendance
de Pie IX et de Léon XIII en face du gouvernement
italien. Mais hormis ce cas, « il est évident, ce sont les
paroles de Pie IX, que les peuples, les rois, les nations ne
se tourneront jamais vers l'Évêque de Rome, avec pleine

confiance et dévotion, quand ils le verront sujet d'un souverain ou d'un gouvernement et ne le sauront pas en possession de sa pleine liberté. Car alors ils pourront toujours soupçonner et toujours craindre que le Pontife, dans ses actes, ne subisse l'influence du souverain et du gouvernement sur le territoire desquels il demeure. Et sous ce prétexte, il arrivera souvent que les déterminations du Pape ne seront pas obéies [1]. »

« Lorsque les **papes**, écrit le protestant Green, s'étant établis à Avignon, parurent être devenus les créatures du roi de France, les Anglais ne voulaient pas entendre parler d'un pape français, et ils menaçaient de lapider ses légats, s'ils mettaient les pieds en Angleterre [2]. »

Ce qui donnait ombrage, ce n'était pas l'origine ou la nationalité ; car on a vu des papes allemands, espagnols, anglais, français, italiens, sans qu'on ait jamais pris de là occasion d'un schisme, tant qu'ils parurent souverains et indépendants. Mais un pape, devenu sujet, perd autant de son autorité de chef universel, qu'il montre d'inclination à rester membre d'un État particulier.

Figurons-nous le Souverain Pontife naturalisé citoyen en France, ou en Angleterre, ou en Allemagne, ou en Autriche. Peut-on concevoir qu'en de telles occurrences, l'amour-propre ou des Allemands, ou des Irlandais, ou des Italiens, ou des Français, ne soit pas profondément blessé et que cette aversion ne les pousse pas jusqu'à l'insubordination ? La même chose devra nécessairement arriver si le Pape se fait sujet italien.

M. de la Guéronnière, dans sa fameuse brochure si

---

[1]   Allocution : *Quibus quantisque*, du 20 avril 1849.

[2]   *Histoire abrégée du peuple anglais*, p. 229.

hostile au gouvernement pontifical, écrivait : « Le pouvoir temporel du Pape est-il nécessaire à l'existence de son pouvoir spirituel ? La doctrine catholique et la raison politique sont ici d'accord pour répondre affirmativement. Au point de vue religieux, il est essentiel que le Pape soit souverain. Au point de vue politique, il est nécessaire que le chef de deux cents millions de catholiques n'appartienne à personne, qu'il ne soit subordonné à aucune puissance et que la main auguste qui gouverne les âmes, n'étant liée par aucune autre dépendance, puisse s'élever au-dessus de toutes les passions humaines. Si le Pape n'était pas souverain indépendant, il serait Français, Autrichien, Espagnol ou Italien, et le titre de sa nationalité lui enlèverait le caractère de son pontificat universel. Le Saint-Siège ne serait plus que l'appui d'un trône, à Paris, à Vienne ou à Madrid... Il importe à l'Angleterre, à la Russie et à la Prusse comme à la France et à l'Autriche, que l'auguste représentant de l'unité du catholicisme ne soit ni contraint, ni humilié, ni subordonné[1]. »

Mais les inconvénients signalés jusqu'ici deviennent mille fois plus considérables, quand nous nous représentons le Souverain Pontife assujetti, comme de fait il l'est aujourd'hui, à un gouvernement qui professe des principes théoriques et pratiques contraires aux doctrines de l'Église, et qui, ne fût-il pas encore ce qu'il est, pourrait facilement le devenir à chaque instant, vu la nature de sa constitution, la multitude des ennemis du catholicisme et leur organisation en secte puissante. Ces effets désastreux

---

1. De la Guéronnière : *le Pape et le Congrès*, p. 7 et 8. Paris, 1859.

de la sujétion politique du Pape, qui parurent tout à fait intolérables, même dans les siècles passés, au milieu d'une société obéissante et dévouée à l'Église, atteindraient en une société comme est la nôtre aujourd'hui l'extrême limite de la gravité.

Il s'agit donc dans les circonstances présentes de livrer le chef de l'Église à la merci des ennemis jurés de l'Église. Et nous nous étonnons que le Pape déclare cela incompatible avec le bon gouvernement de la grande société catholique?

Mais quoi! réplique un contradicteur, l'Église a-t-elle péri durant les trois premiers siècles, quand les papes vivaient comme sujets dans la Rome païenne et passaient dans les chaînes un temps parfois considérable? Produire une objection pareille, c'est montrer qu'on n'a pas même compris les termes de la question.

D'abord Léon XIII et son prédécesseur n'ont jamais dit ni voulu dire que l'Église *périra* si son chef est sujet de quelqu'un, mais que cette sujétion entraîne avec elle des inconvénients très graves, intolérables, beaucoup plus graves même et plus intolérables que n'en produirait l'assujettissement d'un roi d'Italie devenu politiquement sujet autrichien ou français. Or ces inconvénients, peut-on douter que le gouvernement de l'Église n'ait eu à les souffrir en grande partie lorsque les papes étaient sujets ou prisonniers d'empereurs païens et persécuteurs? Combien le mal eût été plus grave, sous certain rapport, si les pontifes eussent été entre les mains de ces tyrans non des victimes, mais de dociles serviteurs ! Que les papes d'aujourd'hui deviennent victimes ou serviteurs, peu importe. L'Église subira également la honte et le dommage de la pire des servitudes, et elle n'aura pas même en compensation cette ferveur de foi et de charité dont le peuple chrétien était animé à son origine. Donc rappeler, comme on le fait, l'exemple des premiers siècles, pendant lesquels les papes étaient sujets, et, ajoutez encore, enchaînés souvent ou proscrits, cela ne fait rien à la question. Afin de pouvoir conclure de ce fait quelque chose contre la nécessité de l'indépendance politique du Souverain Pontife pour le convenable exercice de son auguste ministère, il faudrait démontrer que cette triste condition de choses ne causait pas alors des inconvénients graves et intolérables : cette absurdité, personne n'a jamais eu le courage de la soutenir.

Cependant, insistent nos raisonneurs, l'Église a pu subsister dans ces conditions et ne pas périr.

Assurément elle ne périt point, et elle ne périra pas non plus dans l'esclavage actuel des papes, quand même Dieu permettrait qu'il se prolongeât pendant de longues années ; mais, abstraction faite de l'indéfectibilité promise par Dieu à l'Église, il n'y aurait pas de moyen plus efficace pour la dissoudre, elle comme toute autre société, que l'asservissement de ses chefs.

Chose étonnante ! Des hommes de sens, accoutumés à exagérer plutôt qu'à restreindre les libertés nécessaires de toute société civile pour son développement et pour sa prospérité, n'admettent plus comme vraiment nécessaire à la grande société catholique qu'une seule chose, la simple existence.

Chose plus étonnante encore ! Des catholiques convaincus de l'indéfectibilité de l'Église y vont puiser un argument pour représenter comme tolérables tous les avilissements, les bouleversements, les schismes, toutes les entraves ap-

portées à son gouvernement; ils réduisent tous ses droits
à celui de ne pas périr; et ils s'imaginent avoir satisfait à
tout leur devoir de respect et d'amour envers la plus grande
des sociétés quand ils lui accordent la faveur de pouvoir
exister.

A un tel excès de mépris envers l'Église n'arrivent pas
même ses ennemis les plus déclarés. Ils prétendent bien,
contre toute évidence, que le Pontife romain, dans les conditions présentes, nonobstant sa dépendance politique, est
suffisamment libre; mais aucun d'eux n'a l'impudence de
soutenir qu'une société comme l'Église catholique, eu égard
seulement à sa vaste étendue et à la diffusion de ses membres dans tout le monde civilisé, mérite assez peu de respect pour que, dans l'impossibilité où l'on est de la détruire,
il n'y ait pas grand mal à l'opprimer et à l'outrager de la
pire façon. C'est à quoi devraient réfléchir certains Italiens
catholiques, en qui un excessif attachement non plus pour
la patrie, mais pour leur programme particulier de politique, a étouffé, sans qu'ils s'en aperçoivent, l'amour de
leur religion et le sentiment de leur dignité personnelle de
catholiques.

Mais s'il y a en Italie des gens aveuglés par une semblable illusion, il n'en est pas ainsi des catholiques du
monde entier, ni de l'épiscopat, ni du Souverain Pontife, ni,
Dieu merci, d'un très grand nombre d'Italiens. Tous veulent pour l'Église à laquelle ils appartiennent une position
convenable à sa dignité et qui garantisse au moins la pleine
indépendance de son gouvernement universel. Cela, ils le
réclament et le réclameront toujours comme un droit du
Christ et comme un droit propre; pour l'obtenir, ils em-
ploient et emploieront toujours l'influence qu'ils peuvent

avoir sur leurs gouvernements respectifs, et cette question ils la tiendront toujours ouverte, toujours vivante, sans jamais cesser d'avoir confiance en Dieu qui, ayant pu délivrer son Église et son Vicaire des mains soit des Césars païens soit des empereurs allemands, n'aura pas grand'peine à les affranchir aussi d'un gouvernement franc-maçon.

Pour éviter le reproche de vouloir sacrifier l'Église universelle aux intérêts d'une politique pseudo-patriotique, on a eu recours en dernier lieu à deux sophismes. Le premier consiste en cette objection : La souveraineté fût-elle rendue au Souverain Pontife, il se trouverait toujours exposé à la perdre, enveloppé qu'il serait par un royaume d'Italie puissant, et, comme on le suppose, naturellement hostile.

En effet, dit-on, supposez que le Pape ait recouvré un territoire suffisant en soi pour qu'il puisse y être évidemment libre, mais d'une étendue restreinte, comme était, par exemple, celui qui demeura à Pie IX après 1860 ; il est clair que ce petit État courra continuellement le risque de se voir envahi de nouveau, et par conséquent la liberté du Pape ne serait qu'apparente.

En premier lieu, la prudence devait inspirer aux amis du présent régime de ne pas trop insister sur la gravité de ce péril. Car les catholiques et les papes ne cesseront de demander un arrangement qui ne soit pas illusoire, mais qui garantisse suffisamment la pleine et visible indépendance du chef de l'Église ; et si, pour cela, il faut en réalité beaucoup, tant pis pour les intérêts de qui prétend ne restituer rien ; car, en définitive, il s'agit de restitution, non de donation.

De toute façon, la première question à résoudre, c'est

que le Pape soit affranchi de son intolérable condition de sujet, laquelle diffère essentiellement de celle d'un être menacé, comme la condition d'un prisonnier diffère essentiellement de celle d'un homme qui peut être mis, mais qui n'est pas en prison. Ensuite, quant à la réalité de ce péril continuel, pour l'admettre il faudrait faire un trop grand nombre de suppositions, et entre autres celle-ci : qu'un accommodement équitable ne causerait pas une satisfaction très vive à la grande majorité de la nation. Que si pourtant la faction maçonnique dominante, l'œil fixé, comme d'habitude, non sur les sentiments du peuple mais sur ses propres projets antichrétiens, aspirait toujours à la revanche, le spectacle d'une Rome prise d'assaut n'est pas chose si frivole qu'on puisse, sans difficulté, renouveler à chaque instant; il n'aurait pas eu lieu en 1870 sans les circonstances toutes spéciales qui en favorisèrent l'exécution.

L'autre subterfuge consiste à imaginer que, même dans le cas où le Pape resterait définitivement privé de la souveraineté temporelle, on pourra néanmoins lui assurer des garanties suffisantes pour sa liberté dans le gouvernement de l'Église.

Et lesquelles?

Il n'est plus personne aujourd'hui qui ose encore prôner la fameuse loi des garanties. L'expérience a démontré quelle en est la valeur pratique ; car elle n'empêche pas le chef de l'Église catholique d'être exposé à Rome à mille outrages toujours impunis, ni le gouvernement de refuser solennellement l'exterritorialité au Vatican lui-même, et d'intercepter ou d'ouvrir les lettres adressées au Souverain Pontife.

Ensuite on ne parle plus guère de cette loi illusoire que

pour menacer de l'abroger, ce qui rend palpable, même au vulgaire, la nullité d'une garantie quelconque qui serait accordée au Pontife par un gouvernement étranger dominant à Rome, puisqu'il dépendrait toujours du même gouvernement de l'abroger quand il voudrait. « La liberté du Pape, écrit un adversaire de la papauté, est une nécessité absolue pour toute l'Église catholique... Les politiques italiens sont généralement d'avis que la loi dite des garanties, approuvée le 31 mai 1871, satisfait pleinement à cette obligation. Mais cela est démontré faux, même par la seule raison qu'une loi décrétée comme affaire intérieure par les législateurs italiens peut, à chaque instant, être biffée par les mêmes législateurs[1]. »

Et même quiconque n'est pas tout à fait novice en politique n'a pas besoin de cet argument pour s'apercevoir que prétendre assurer au Pape l'indépendance moyennant une loi de garantie est une pure contradiction dans les termes. Pour parler des choses selon leur réalité, chacun doit dire avec Reumont : « C'est un fait très simple que le principe de l'indépendance du Pape et le concept de sa souveraineté se *trouvent niés par l'acte de les soumettre à l'approbation d'un parlement*[2]. »

Est-il donc possible d'imaginer une garantie quelconque à l'indépendance d'un Pape devenu sujet ? Les partisans de l'actuel état des choses croient l'avoir trouvée où l'on s'y attendait le moins, c'est-à-dire dans l'esprit et dans les conditions de la société moderne.

Voici, en résumé, comment raisonne à ce sujet une ré-

<hr>

1. *Unsere Zeit* : 1887, p. 633, dans les *Stimmen aus Maria Lach*. Avril 1889.

2. Reumont : *Rückblick u. Abwehr*. Bonn, 1871. p. 25. *Ibid.*

cente brochure : Le Pape aurait pour sa défense la publicité, en vertu de laquelle aucun acte vexatoire exercé par le gouvernement italien contre le Pontife en matière ecclésiastique, ne peut demeurer secret en Europe, et, conséquemment, le frein de la réprobation publique soulevée chez les catholiques du monde entier, et encore les remontrances des gouvernements étrangers émus par les protestations des représentants catholiques de leurs parlements respectifs.

La réponse à de telles illusions est bien simple. En définitive, que voulez-vous ? Que le chef de l'Église catholique ait toutes les garanties d'un traitement convenable dans sa dépendance ; mais la dépendance reste toujours, et avec elle la plus grande partie de ses inconvénients ; reste aussi la dépendance dans l'élection même du Pontife et dans l'exercice de ses fonctions suprêmes ; reste la dépendance présumée et toujours présumable aux yeux des membres de l'Église, surtout à l'étranger, et aux yeux de leurs gouvernements.

Toute cette prétendue garantie se limiterait aux seuls actes manifestement violents, et encore, en cela, elle n'est qu'un nom. Quel cas le gouvernement italien fait des protestations des catholiques étrangers, nous le voyons de nos yeux sans avoir besoin de nous perdre en conjectures sur ce qui pourrait être. Pareillement chacun voit quel fonds on peut faire aujourd'hui sur les protestations des représentants catholiques, dans les parlements de France, d'Allemagne, d'Autriche, d'Espagne pour en obtenir une répression efficace des vexations qu'un gouvernement franc-maçon d'Italie peut exercer contre le Vicaire de Jésus-Christ et des mauvais traitements auxquels il voudrait encore le soumettre. Demandons seulement quelle réparation le gouvernement italien a dû faire pour les insultes inouïes qu'il a laissé prodiguer à la dépouille mortelle de Pie IX, la nuit du 13 juillet 1881 ? Qui l'a empêché de consommer la conversion arbitraire des biens de la Propagande? Quelle retenue lui ont imposée les puissances dans la discussion très récente des articles du Code civil combinés pour la persécution du clergé?

Dira-t-on que les circonstances, pour les catholiques du monde entier, peuvent changer et devenir plus favorables? Nous le savons et nous espérons bien qu'il en sera ainsi; mais quand cela arrivera, les catholiques feront tous leurs efforts pour que le chef de leur Église soit rendu à la liberté et non pour se constituer les surveillants éphémères de ses geôliers.

Qu'on retourne la question comme on voudra, la souveraineté territoriale est nécessaire à la réelle et manifeste indépendance du Pontife; elle n'est pas seulement exigée par la dignité de l'Église, elle est absolument nécessaire à son bon gouvernement.

La grande société catholique instituée par Jésus-Christ, autour de laquelle gravite l'histoire de la civilisation et de toutes les sociétés actuelles, ne saurait être assujettie à graviter elle-même comme un satellite autour d'un royaume, fût-il celui de l'Italie.

Cette idée extravagante n'entra même pas dans l'esprit de la faction sectaire qui, dirigeant à sa manière l'œuvre de l'unification de l'Italie, voulut y comprendre sans aucune nécessité la spoliation du Pontife romain. Les envahisseurs de Rome, de même qu'ils n'avaient pas la moindre intention d'accorder au Pape, même matériellement, la liberté nécessaire, n'avaient pas non plus l'intention de limiter le moins du monde son esclavage. Ils voulaient en finir avec l'Église; c'est à cela que, dans leurs desseins, devait et doit encore servir la spoliation du Vicaire de Jésus-Christ; et c'est le moyen le plus efficace qu'ils pouvaient choisir, puisque, humainement parlant, il devrait nécessairement aboutir à la dissolution intérieure de l'Église. Mais, précisément à cause de cela, ni le Pape ni les catholiques n'y consentiront jamais, et, à cause de cela encore, ils espèrent avec confiance que tôt ou tard Dieu rendra au Pontife une souveraineté convenable.

V

POURQUOI LE PAPE NE SE TAIT PAS

La nécessité de l'indépendance politique du Pontife romain pour le convenable exercice de son gouvernement spirituel ne peut être niée de bonne foi, même par ses ennemis. Cette nécessité une fois établie, on conçoit non seulement combien sont légitimes en soi les protestations du Pape, mais aussi comment il n'a pu dans le passé s'en abstenir, et comment il ne peut, aujourd'hui, s'en désister, à moins de trahir son devoir, même en supposant l'impossibilité d'un succès immédiat, même étant donné que les ennemis de l'Église en prennent un stupide prétexte pour l'attaquer plus ouvertement en Italie.

Cela suffirait pour démontrer la futilité soit des reproches adressés à l'ancien Pape et au nouveau sur leur persévérante attitude de protestation, soit du conseil que l'on a donné à Léon XIII de s'en désister. Mais la futilité des reproches comme du conseil apparaît en pleine lumière lorsque l'on vient à considérer en détail les raisons qui obligent le Pontife à protester, raisons évidentes pour tous, quoique inaperçues de nos censeurs ou conseillers malavisés.

Quels sont donc ces motifs qui persuadent au Souverain Pontife de ne pas s'abstenir de protester et même le lui défendent absolument?

Quelques-uns ont été indiqués par lui dans ses allocutions et dans sa lettre au cardinal Rampolla; d'autres sont visibles d'eux-mêmes à quiconque a une lueur de bon sens.

Dans l'ordre juridique et pratique, celui qui est dépositaire d'un droit ne peut pas, ne doit pas le laisser prescrire par son silence. Cette règle est si connue dans la raison d'État que l'affirmation des droits s'y conserve par qui en est le dépositaire durant des siècles, même après qu'a disparu toute probabilité de les faire valoir.

Et en cela on ne craint pas de tomber dans le ridicule; car l'impossible d'aujourd'hui peut devenir possible demain, et une lettre de change aujourd'hui sans valeur peut, demain, être admise au remboursement.

Ne voyons-nous pas chez nous, en Italie, le roi lui-même maintenir son titre aux couronnes de Chypre et de Jérusalem, et s'attribuer en tous ses actes publics ces deux souverainetés? Et pourtant il en est, de toute façon, beaucoup plus éloigné que n'est le Pape de la souveraineté qu'il revendique sous une forme à la fois plus sérieuse et plus modérée.

Supposez que le Pontife, en ses actes publics, se donne le titre de souverain temporel des Légations, des Marches et de l'Ombrie. On n'y saurait penser : quels cris de colère indignée s'élèveraient aussitôt contre lui! Il s'abstient de cette forme plus irritante, il se contente de protester au nom du Saint-Siège et de la grande société catholique, et de réclamer une légitime réparation.

Cette réclamation, dira-t-on peut-être, irrite encore le gouvernement italien, tandis que le Grand Turc ne se montre pas le moins du monde offensé du titre que s'arroge à son détriment la couronne d'Italie. Cela prouve seulement que les revendications du Pape ne sont pas pour lui aussi dénuées de toute valeur pratique que le titre de roi de Chypre et de Jérusalem pour ceux qui continuent néanmoins à se l'attribuer. Et s'il en est ainsi, l'obligation pour le Pontife de ne point discontinuer ses protestations devient d'autant plus évidente et rigoureuse. Car, qui ne le sait? pratiquement parlant, la première démarche à faire pour obtenir une réparation, la restitution d'un droit, le redressement d'un tort, c'est de continuer inflexiblement à les exiger, si faible que soit l'espérance de réussir.

Dieu, sans doute, assistera toujours l'Église en ses détresses; mais celui qui la gouverne a l'obligation de tenir ouvertes les voies humaines par lesquelles la Providence a coutume de faire arriver les secours les plus imprévus.

Voilà pourquoi Léon XIII réveille sans cesse, chez les gouvernements indifférents ou hostiles, le souvenir que la question romaine n'est pas une question résolue; pourquoi il ne permet ni à eux ni à la faction dominante en Italie de prendre son silence pour une renonciation tacite; pourquoi il entretient constamment chez tous les catholiques la conviction que l'état présent des choses est intolérable, et le désir et la volonté d'en établir un autre qui sauvegarde leurs intérêts religieux en un point aussi essentiel que le gouvernement de leur société.

Le Pape, en continuant à protester, accomplit donc un devoir strict comme gardien et dépositaire, même assermenté, d'un droit propre et légitime du siège apostolique.

A ce serment, plus d'une fois, Léon XIII et son prédécesseur ont fait appel; non certes pour la forme, comme l'ont voulu faire entendre certains conciliateurs qui objectent, mal à propos, que le serment ne pouvait obliger à faire une chose nuisible à l'Église universelle. Tout le monde admet facilement le principe. Ce qu'il est difficile d'admettre, c'est que le Souverain Pontife fasse une chose nuisible à l'Église en réclamant une souveraineté que l'Église elle-même a déclaré lui être nécessaire dans les circonstances présentes.

Le Pape est donc, aujourd'hui plus que jamais, lié à son serment devant Dieu et devant l'Église, et de là résulte pour lui la double obligation de maintenir vivants et non périmés les droits du Saint-Siège, et de n'omettre aucun expédient de nature à en procurer la réalisation.

Et cependant le but pratique n'est pas encore le motif le plus important de ses protestations. Il y a le but doctrinal qui n'est pas d'une moindre importance. Le Souverain Pontife est avant tout le docteur de la vérité, et il a pour très principal devoir de prémunir les fidèles contre les fausses idées que tend à insinuer, parmi eux, une société infectée de naturalisme en ses lois, en son éducation, en ses mœurs.

L'Église, cette grande et divine société que Jésus-Christ a établie au sein d'une humanité décrépite, abâtardie, et qui régénéra les peuples, éleva l'Europe chrétienne à la primauté du monde par la civilisation, la science et la puissance, cette grande société, disons-nous, a son existence, ses droits, sa législation supérieurs à toute sujétion de puissance humaine.

Tout chrétien a le droit de tendre à sa fin surnaturelle par les moyens que le Christ lui a indiqués, sans subir en cela la loi d'aucun homme, fût-il décoré du nom d'empereur, de roi, ou d'un titre quelconque d'autorité humaine.

Treize millions de martyrs sont morts pour maintenir inébranlable cette liberté que nous apporta Jésus-Christ ; et leurs bourreaux ne furent pas seulement des barbares, mais des tyrans violateurs d'un droit qu'ils pouvaient constater et qu'ils devaient respecter.

Semblablement, dans cette société chrétienne, les maîtres et les pasteurs ont des fonctions qu'ils exercent en vertu d'une autorité et d'une mission indépendantes du pouvoir civil des États dans lesquels ils vivent, soit sous des Césars païens, soit sous des gouvernements chrétiens ; ces derniers doivent même seconder les envoyés de Jésus-Christ dans l'exercice de leur sublime ministère.

Mais depuis plusieurs siècles, les puissances même catholiques ont commencé à prétendre, par une vaine jalousie politique, restreindre la liberté religieuse des fidèles, s'affranchir des lois sociales chrétiennes et entraver l'action des pasteurs et des chefs spirituels. Cette violation des droits divins a rompu tout frein, depuis que, sous les menteuses formules : *la liberté de conscience, l'Église libre dans l'État libre*, la révolution antichrétienne a repris l'œuvre des anciens persécuteurs, en opprimant la liberté de conscience des catholiques, en réduisant à rien les droits de la société chrétienne dans la famille, dans l'éducation, jusque dans les actes du culte.

Or, parmi les très graves préjudices causés à l'Église par cette persécution, il n'est rien de plus pernicieux que de laisser s'obscurcir dans l'esprit des fidèles la conscience des droits propres à chacun d'eux et à la société divine dont ils sont les membres, du moment qu'ils voient partout ces droits méconnus et leur violation entrée dans les mœurs et les lois des nations civilisées.

En ces conditions, après avoir supporté, jusqu'à l'extrême limite, la perte des autres secours humains qui ne lui étaient pas tout à fait nécessaires, le Pape, attaqué maintenant sur un point essentiel au bon gouvernement du peuple catholique, doit absolument et plus que jamais s'appliquer à maintenir vivante et claire, chez les catholiques du monde entier, la pensée des droits sacrés de l'Église, surtout par rapport à la liberté, à l'indépendance qui lui est due et non moins nécessaire. Et voilà ce qu'il fait par ses incessantes et vigoureuses protestations.

Pour la même raison et d'une façon particulière, le Saint-Père doit, par un procédé analogue, confirmer, en présence du monde catholique, cette vérité qu'il a proclamée avec l'assentiment unanime de l'épiscopat, savoir : la nécessité du domaine temporel pour l'exercice pratique de cette liberté.

Il doit également rassurer les puissances étrangères et les peuples catholiques du monde entier, en leur prouvant que leur suprême pasteur ne subit pas, quand il les régit, la moindre influence d'un gouvernement particulier, qui peut le tenir matériellement entre ses mains, mais avec lequel il demeure toujours en guerre ouverte.

Tout cela, le Saint-Père l'a obtenu par ses protestations. Que serait-il advenu, si, par impossible, oubliant toutes ses graves obligations, il se fût renfermé dans le silence et eût laissé les choses suivre leur cours?

Certains conciliateurs à courte vue ne considèrent la question romaine qu'au point de vue de l'Italie, et, à leur avis, elle n'aurait pour se résoudre d'autre *criterium* que l'intérêt, soit temporel, soit spirituel, de cet unique royaume. Ils sont toujours prêts à frissonner à la pensée des maux qu'un rétablissement de la souveraineté pontificale, ou même seulement les protestations de Léon XIII

pourraient causer, et, selon eux, causent déjà à ces suprêmes intérêts.

Mais la terrible réalité des choses est que la question
romaine intéresse l'Église universelle [1], et les plus clair-

1. Déjà, en 1861, M. Guizot, réfutant M. de Cavour, développait
cette proposition :

« Si du moins l'Église catholique n'était qu'une Église italienne,
si le catholicisme était renfermé dans les limites de ce beau pays,

Ch' Apennin parte e'l mar circonda, e l'Alpe;

de ce pays que M. de Cavour a entrepris de conquérir tout entier
pour le Piémont, il y aurait eu quelque motif plausible, quelque
apparence spécieuse à son langage ; il n'aurait touché à l'ordre
spirituel que là où il établissait l'unité politique, et l'Église placée
sous la loi du nouvel État aurait eu seule à souffrir. *Mais l'Église
catholique est partout, au dehors comme au dedans de l'Italie, dans
l'ancien et le nouveau monde ; c'est partout que l'abolition de la souveraineté temporelle du Pape changerait sa condition et attenterait à
ses libertés...* Prendre, quant à l'Église catholique, des mesures
qui altèrent partout sa constitution et sa situation, qui atteignent
les catholiques de France, d'Allemagne, d'Espagne, d'Angleterre,
d'Amérique, du monde entier comme ceux d'Italie, qui préoccu-
pent et inquiètent les missionnaires catholiques au milieu des
cités de la Chine et dans les îles de l'Océanie comme les prêtres
et les fidèles à Paris et à Madrid ; enlever à toutes ces Églises, à
toutes ces nations, à toutes ces consciences parfaitement étrangères au royaume italien, l'ancienne souveraineté, les anciennes
garanties d'indépendance du chef spirituel de leur religion, c'est,
à coup sûr, l'un des plus étranges actes d'usurpation que connaisse
l'histoire et que l'esprit puisse concevoir..... L'Église catholique
n'est pour rien elle-même dans les idées et les actes qui bouleversent son organisation et sa situation ; elle n'a été ni consultée
ni écoutée ; elle subit les volontés et les coups des conquérants
étrangers *qui portent sur elle la main et la frappent, dans les pays
même où n'atteignent pas leurs conquêtes.* »

L'Église et la société chrétiennes en 1861, par M. Guizot. Paris,
1861. Chap. xi. L'Église catholique en Italie, p. 77 et suiv. —
(Note du traducteur.)

voyants frissonnent réellement à la pensée du scandale
que produiraient dans le monde entier et les sophismes
triomphants des impies et la perturbation des catholiques,
si le Pape, après avoir, de concert avec tout l'épiscopat,
proclamé la veille encore que son indépendance politique
lui est nécessaire pour le convenable gouvernement de
l'Eglise, consentait aujourd'hui explicitement ou implicitement à subir cette condition. Ils frissonnent bien davantage à la pensée des désordres infinis, des méfiances,
des insubordinations auxquels on ouvrirait la porte le
jour où chacun des catholiques et tous les gouvernements
étrangers sauraient qu'ils ont affaire à un Pontife sujet
volontaire de l'Italie, leur ennemie peut-être, et soumis à
ses influences.

« Quand le principat civil des papes sera tombé, écrivait
Frédéric de Prusse à son ami Voltaire, alors nous serons
victorieux et le rideau sera baissé. L'on fera une
grosse pension au Saint-Père. *Mais qu'arrivera-t-il ?
La France, l'Espagne, la Pologne, en un mot toutes
les puissances catholiques ne voudront pas reconnaître
un Vicaire de Jésus-Christ subordonné à la main im-
périale. Chacun alors créera un patriarche chez soi...
Petit à petit chacun s'écartera de l'unité de l'Eglise,
et l'on finira par avoir dans son royaume sa religion
comme sa langue à part* [1]. »

Et le comte de Cavour avouait sans ambages que *dans
Rome l'autorité temporelle du Pape se confond tellement avec celle du pouvoir spirituel, que l'une ne peut*

---

1. Lettre du roi, 9 juillet 1777. (*Œuvres complètes de Voltaire*.
Paris, 1817. T. XII, p. 641.

*se séparer de l'autre, sans risquer de les détruire toutes
les deux*[1].

Cela posé, Léon XIII pouvait-il, pourrait-il encore aujourd'hui s'abstenir de protester et se résoudre à une connivence tacite, sans indiquer par là qu'il commence à se rendre ?

Pendant cinquante ans ses prédécesseurs ont lutté inébranlablement, dans la question des Investitures, contre les empereurs d'Allemagne épaulés par d'innombrables évêques et par la noblesse, c'est-à-dire par la classe influente de la nation, non seulement d'Allemagne, mais de Lombardie et d'autres provinces italiennes. Les souverains de France, d'Angleterre, d'Espagne, de l'Italie méridionale, dans les meilleurs moments, prodiguaient bien au Pontife leurs sympathies, mais ne lui offraient ni un secours efficace, ni, le plus souvent, le bon office de leur intercession. C'était comme aujourd'hui. Abandonnés à eux-mêmes, les papes eurent à supporter les défections, les exils et même les chaînes. Et il se sera trouvé sans doute aussi des zélateurs assez imprévoyants, assez injustes, pour leur reprocher les ruines spirituelles qui affligeaient toute la nation germanique, dont le clergé et le peuple s'habituaient à considérer le Vicaire de Jésus-Christ comme un ennemi de leur patrie. — Encore comme aujourd'hui. — Mais le bien de l'Église universelle ne permettait pas de faire cette pernicieuse concession (des Investitures) aux empereurs d'Allemagne ; elle ne se fit pas, et le secours de Dieu vint à son heure.

On ne saurait s'empêcher d'admirer la désinvolture

1. *Docum. diplom. presentati alla Camera*, p. 95 et suiv. Torino, 1858.

avec laquelle un auteur récent cherche à éluder la force de cet exemple si concluant. Il rappelle comment, en cette lutte, les papes finirent par sauver la substance des élections épiscopales, mais en cédant sur certaines modalités des Investitures : « L'Église, conclut-il, sacrifia l'accessoire pour sauver le substantiel, et elle fit très bien. » Mais de grâce, répondez : dans cette question de la souveraineté temporelle, donner au Pape la souveraineté qu'il réclame ou ne pas la lui donner, est-ce un *accessoire* seulement, une simple *modalité?* Et si on ne lui donne rien, qu'aura-t-il *sauvé de la substance?* Sera-ce peut-être son indépendance politique que tous, amis et ennemis, admettent comme nécessaire à l'Église pour un bon gouvernement? Mais l'Église elle-même a déclaré, à l'adresse des aveugles qui ne le voyaient pas, que cette indépendance ne peut jamais exister, surtout dans les circonstances présentes, sans la souveraineté elle-même.

Enfin arrêtons nos regards sur le beau pays à qui Dieu accorda la faveur d'être le siège privilégié du chef visible de l'Église, et qui fut toujours l'objet des plus vives sollicitudes des souverains pontifes ; considérons comment Léon XIII, par ses protestations, ne soutient pas moins les intérêts politiques de la nation italienne que les droits de l'Église et de la papauté.

C'est un fait qu'on chercherait vainement à dissimuler, en se félicitant que l'Italie a sa place aujourd'hui dans le conseil des puissances et qu'on tient compte de son alliance pour les éventualités de guerre. Ces avantages pourraient avec raison chatouiller l'amour-propre national, si la faction qui a fait la situation présente ne s'obstinait pas, uniquement par haine contre le catholicisme, à y comprendre la spoliation et la dépendance politique du chef de l'Église catholique.

Par l'introduction de cet élément subversif et par son obstination à le maintenir, la faction a commis, dès le principe, l'erreur antipatriotique et impolitique de livrer aux mains des puissances la fameuse *lettre de change en blanc*, comme l'appelle le sénateur Jacini, c'est-à-dire la faculté donnée à chacune d'elles de venir, autant de fois qu'elle y trouvera son avantage, attaquer l'Italie, par motif ou sous prétexte de religion, et cela aux applaudisments non seulement des sujets catholiques de l'agresseur, mais de tous les catholiques du monde entier ; et pendant que les soldats italiens, dans le cas d'une pareille agression, seront contraints, par une monstrueuse nécessité, de se battre pour maintenir en esclavage le chef de leur religion.

Or, malgré toute l'adresse que la diplomatie italienne a déployée pour se faire rendre par les puissances cette dangereuse lettre de change en blanc, elle ne l'a jamais pu obtenir. Récemment encore, lorsque l'on obtint, après des efforts inouïs, la visite de l'empereur protestant d'Allemagne à Rome, on n'entendit d'autre déclaration résonner avec plus d'insistance avant et après, que celle-ci : « On ne doit pas, on ne veut pas donner à ce fait la valeur d'une reconnaissance effective du royaume d'Italie tel qu'il est. »

Si depuis dix-neuf ans le Pape, avec ses protestations, n'a pu obtenir des puissances une seule démarche efficace pour la restitution de son indépendance politique, comme une récente brochure se plaît à le faire remarquer, l'Italie, dans le même laps de temps, n'a pu obtenir des mêmes puissances la moindre parole qui reconnût publiquement son existence juridique avec Rome capitale ; ce que la même brochure néglige de faire remarquer. C'est en réunissant les deux remarques que nous avons la vraie *réalité des choses*, car elle n'est vraiment la *réalité* que si elle est entière et non diminuée de moitié.

Ainsi donc l'Italie, dans sa condition actuelle, peut bien se promettre soit un témoignage d'amitié, tellement mesuré toutefois qu'il ne puisse être regardé comme une reconnaissance ; soit une alliance, qui lui sera plutôt imposée sous la menace de la lettre en blanc, que choisie par elle de son plein gré. Çà et là elle pourra attraper encore quelque garantie, mais donnée en secret à l'insu des peuples catholiques, pour ne pas exciter un incendie. De ces garanties données en cachette, elle en a eu dès le commencement, et elle en mendiera toujours auprès de chaque puissance qui la veut avoir à son service. Mais toute promesse formelle donnée en ce sens par un gouvernement aura pour premier effet naturel ceci : s'il existe un gouvernement rival, celui-ci se rappellera aussitôt l'immense avantage que lui vaudra, aux yeux du monde catholique tout entier, le fait de protester la lettre en blanc, en revendiquant les droits du chef de l'Église, et il la protestera. Supposons toutefois que cet exacteur importun soit réduit au silence. Le litige sera-t-il pour cela terminé ? Pas le moins du monde. Car malgré toutes les garanties, même après une quittance formelle, cette lettre de change d'un nouveau genre est toujours prête à revivre entre les mains de celui qui l'a cédée. Un gouvernement pouvant toujours honnêtement vouloir rétracter une injustice, surtout quand il peut alléguer le mécontement qu'elle entretient parmi les peuples, et les difficultés pratiques toujours nouvelles qui en sont la conséquence.

Cette fatale lettre de change, gardée par les puissances, cause à l'Italie deux énormes désavantages. Le premier voulu directement par les puissances, et nous venons de l'exposer ; le second est contenu aussi dans le premier, mais il devient particulièrement sensible à tout Italien qui a le sentiment de l'honneur national. Il consiste dans l'affront réservé aujourd'hui à la seule Italie de paraitre parmi les puissances comme un État continuellement exposé à un procès pour usurpation. Semblable en cela à un capitaliste qui a fait sa fortune par des moyens illégitimes, à qui personne ne veut déclarer qu'on le tient pour un voleur, et à l'abri des revendications de la justice. Ce serait une grande simplicité de supposer que les conservateurs de l'état de choses actuel ne voient pas la position fausse et humiliante faite à l'Italie par leur politique antipapale ; mais pour eux l'oppression de l'Église doit passer avant l'intérêt de la patrie.

Ainsi ne pensent pas les catholiques italiens. Ils voient sans se faire illusion la situation politiquement fausse et honteuse, où la faction dominante a placé et maintient leur pays. Ils voient la triste réalité de la chaîne livrée par là aux mains non d'un seul mais de tout gouvernement étranger mal disposé envers l'Italie, et assez fort pour lui imprimer une secousse ; chaîne dont aucun gouvernement ne consentira jamais de bonne grâce à se dessaisir en faveur de qui lui en a fait don, et la raison en est claire ; chaîne que tout gouvernement, fût-il semblant de l'abandonner, pourrait ressaisir, toutes les fois qu'il lui conviendra de s'apercevoir que ses sujets catholiques ne doivent pas être gouvernés par l'humble sujet d'un gouvernement d'Italie ; chaîne, par conséquent, que le silence du Pape riverait plus fortement encore que ses protestations, qui ne tendent au contraire qu'à la briser.

Les protestations de Léon XIII n'eussent-elles d'autre but que d'annuler entre les mains de tout futur ennemi de l'Italie la fatale lettre de change, et de procurer à la nation le rang de puissance juridiquement reconnue, tout Italien devrait approuver avec sympathie ces protestations et dire avec loyauté : Le Pape soutient les intérêts de l'Église, mais par là même il soutient les vrais intérêts de l'Italie politique.

La presse du parti a beau dissimuler le mal qui dévore comme un chancre le sein du nouveau royaume ; il y a des gens qui le reconnaissent, tout en atténuant sa gravité, quand ils exposent les avantages que le gouvernement retirerait d'une conciliation. Cette conciliation, dit la brochure plusieurs fois citée, « arracherait aux mains des gouvernements ennemis ou défiants (et les alliés d'aujourd'hui peuvent être ennemis demain par le revirement des intérêts) une arme dangereuse qu'ils peuvent tourner contre nous, et elle rendrait plus libre et plus sûre l'action de la diplomatie italienne ». A bon entendeur peu de paroles.

Où se trompent ces dilettanti de politique, c'est quand ils s'imaginent que cette arme dangereuse sera brisée par une réconciliation quelconque du Pape avec le gouvernement italien. Vaine illusion, à considérer les choses dans leur réalité vraie : la valeur de cette arme se réduit en dernière analyse dans la dépendance politique du chef de l'Église universelle; et l'unique conciliation capable de la briser est celle où tend Léon XIII par ses protestations, celle qui comprend la restitution de son indépendance.

D'aucuns, qui se sont fixé en tête l'idée qu'un tel accommodement est impossible et que les protestations de Léon XIII sont la raison principale des maux éprouvés par la religion en Italie, en déduisent que le Pape suit une fausse route; et ils voudraient que, renfermé dans le silence, il laissât l'eau suivre sa pente. Les considérations exposées jusqu'ici nous persuadent que de telles idées révèlent uniquement une étroitesse d'esprit bien concevable en un simple particulier, mais qui ne devait pas facilement se rencontrer dans l'âme de qui fut élu chef de la grande société catholique.

Supposé même cette impossibilité, supposé aussi la gravité des maux imputables aux représailles exercées contre les protestations pontificales, Léon XIII ne pouvait pas et ne pourrait pas encore, dans l'intérêt de l'Église et de l'Italie elle-même, agir autrement qu'il n'a fait. L'impossibilité d'une conciliation légitime, aussi bien que les maux des églises italiennes, tout cela reste à la charge de la seule faction qui s'est placée et se maintient obstinément, elle, l'Italie et le Pape, en cet état de choses préjudiciable à la nation et intolérable à l'Église.

Mais ensuite sont-elles vraies ces deux raisons sur lesquelles se fondent et la critique des protestations et le conseil du silence? Et d'abord existe-t-elle en fait l'impossibilité de la restauration d'une vraie souveraineté qui soit la garantie réelle et visible de l'indépendance du Pape?

Ce point, d'après ce que nous avons dit jusqu'ici, n'a

pas, dans la question, une importance exclusive ni même capitale. Mais, parce que dernièrement on a cherché à le mettre en évidence, et que de semblables insinuations tendent manifestement à décourager les faibles et à les détourner de seconder le Pape dans une entreprise désespérée, il convient de rétablir la réalité des choses par rapport aux espérances passées et futures du Pape et des catholiques, et par rapport à la prétendue impossibilité d'un accommodement qui sauvegarde l'indépendance du Souverain Pontife.

VI

LES ESPÉRANCES DU PAPE ET DES CATHOLIQUES

Il est singulier, en vérité, de voir combien les espérances que conservent le Pape et les catholiques d'un futur rétablissement de la souveraineté pontificale causent d'ennui aux fauteurs de l'état actuel des choses en Italie. Raisonnements, injures, railleries, insinuations malveillantes, rien n'est épargné pour confondre cette puérile espérance des catholiques. Elle ne mérite pas même un bon sentiment de compassion, car elle a été, au fond, la cause première des erreurs que depuis vingt ans, voire depuis trente ans, deux pontifes commettent dans le gouvernement de l'Église, au milieu des luttes présentes, et par conséquent elle est l'origine de tous les maux qui en sont dérivés. Sur ce sujet les écrivains les plus secs deviennent abondants, et les plus calmes perdent la tramontane.

Pourquoi donc s'échauffer de la sorte contre ces espérances? Est-ce qu'on y verrait par hasard la raison qui maintient le Pape dans son attitude de protestation? Ce serait une bévue solennelle, comme nous l'avons montré dans les pages précédentes. Le Pape proteste pour des raisons qui subsisteraient lors même qu'il ne resterait pas la moindre espérance d'un prochain rétablissement de son indépendance politique.

Mais encore cette espérance d'un rétablissement même prochain, est-elle donc véritablement aveugle, puérile, dénuée de fondement? Il suffirait de considérer qu'elle

s'est conservée pendant vingt ans au cœur de deux pontifes et de plusieurs millions de catholiques, pour ne pas
s'aventurer à la mépriser et à la condamner si cavalière-
ment.

Faisons une observation préalable. Entre catholiques,
quand l'on disserte sur la nécessité du domaine temporel
du Saint-Siège, on ne peut ni on ne doit faire abstraction
de l'enseignement donné par l'Église à ce sujet, quoique
cette nécessité apparaisse d'ailleurs clairement aux yeux
de la pure raison ; de même quand on disserte sur les espérances d'un prochain rétablissement de l'indépendance
politique du Souverain Pontife, on ne saurait faire abstraction des considérations de l'ordre surnaturel, quoique l'on
puisse montrer aussi que dans l'ordre naturel ces espérances n'ont rien de présomptueux.

Dans toute la vie de l'Église le surnaturel s'entrelace au
naturel. L'intervention surnaturelle lui est ordinaire non
seulement pour son activité apostolique, doctrinale, sa-
cramentelle, mais aussi pour sa conservation et pour la
préparation des circonstances nécessaires au développement de sa divine mission. Il ne pouvait en être autrement
puisque son divin fondateur, par un exemple et un désa-
vantage uniques dans les sociétés existantes sur la terre,
la constituait désarmée au milieu d'un monde qui aurait la
force en main et devait être, en vertu de tendances oppo-
sées, son irréconciliable ennemi. Il ne s'ensuit pas que
Dieu se trouve obligé à prodiguer pour elle les miracles.
Une semblable idée va bien à certains petits esprits, qui,
à la vue d'un nœud gordien inextricable, s'imaginent
aussitôt qu'il n'y a d'autre solution possible qu'un coup
d'épée miraculeux. Assurément, si cela était nécessaire

ou convenable, Dieu n'aurait pas de peine à faire des miracles en faveur de son Église comme il en a fait de si nombreux en faveur des simples individus Mais, communément, il se contente de sa Providence spéciale, dont il est aussi difficile de saisir chaque disposition particulière, qu'il est facile d'en apercevoir les effets extraordinaires. L'histoire de l'Église a certainement quelque chose de prodigieux dans la série de ses vicissitudes, que Dieu néanmoins conduit sans le fracas des prodiges.

C'est à cette Providence que se confient le Vicaire de Jésus-Christ et le peuple catholique, et voici sur quel raisonnement ils appuient leur confiance. Le Souverain Pontife, assisté du Saint-Esprit en ce qui concerne l'instruction des fidèles, continue à déclarer, comme l'avait déclaré son prédécesseur Pie IX, que *dans les circonstances présentes le domaine temporel est tout à fait nécessaire au Pontife romain pour le convenable exercice de ses fonctions;* et cette doctrine, acceptée aussi par l'épiscopat tout entier, a le caractère évident d'une doctrine catholique, que tous les fidèles doivent accepter et retenir sous peine de rébellion à la suprême autorité de l'Église. Le Souverain Pontife lui-même, notez-le bien, est obligé, comme chacun des fidèles, à retenir pour vrai cet enseignement jusqu'à ce que, en sa qualité de maître universel, il ait prononcé, par un nouveau jugement, qu'à la suite des changements survenus dans les circonstances, cette doctrine cesse d'avoir son application. Tout cela est évident pour un véritable enfant de l'Église.

Étant donc supposée l'indubitable certitude de la nécessité du domaine temporel dans les susdites conditions, le Saint-Père et avec lui le peuple catholique ont la confiance que la divine Providence voudra accorder au Pape le secours qu'elle-même a fait déclarer nécessaire au bon gouvernement de la chrétienté ; et cette espérance est raisonnable, comme il est raisonnable d'espérer que Jésus-Christ ne voudra pas pour cela entrer perpétuellement dans une voie d'interventions miraculeuses. Cette espérance peut nous incliner sans doute à accueillir comme un présage de salut certains événements, certaines circonstances, qui passent ensuite sans avoir produit aucun effet consolant. Mais s'il nous arrive jamais d'être ainsi désabusés, notre confiance n'est pas ébranlée pour cela ; elle se tient toujours ferme sur un fondement solide.

Le Pape et les catholiques ne méconnaissent pas les symptômes qui peuvent être favorables à leur cause, en tant qu'ils montrent la question romaine, proclamée par ceux qui y ont intérêt finie et enterrée, demeurant pour le moins toujours vivante ; et demeurer vivante depuis dix-neuf ans qu'on la donne pour morte est déjà un fort indice de vitalité peu naturelle. D'autant plus, comme quelqu'un l'a observé, quoique dans une autre intention, « qu'aujourd'hui avec les changements des temps, des hommes et des choses, dix-neuf ans équivalent à cent ans, et c'est peu dire ». Quelle est, demandons-nous, la question politique qui, après cent ans d'une solution définitive, se trouve encore vivante dans les préoccupations des peuples et des gouvernements ?

La brochure plusieurs fois mentionnée note comme « un fait singulier et fort grave » celui-ci : « Durant les mille années environ que le principat civil des papes compte d'existence, on ne saurait trouver une seule interruption qui ait duré dix-neuf ans de suite. » Mais plus singulier encore peut sembler à d'autres le fait que cette longue interruption étant arrivée de nos jours, bien qu'elle soit « équivalente à un évanouissement de cent années », n'ait pas donné lieu à une mort définitive.

Néanmoins, demandez aux catholiques, demandez même au Pontife s'il paraît à l'horizon quelque espérance *positive* d'un *prochain* rétablissement de son indépendance politique? Tous vous répondront, sans qu'il soit besoin de s'époumonner pour les en convaincre : « Non, il n'en paraît aucune. »

Demandez-leur :« Pourquoi donc attendez-vous l'accomplissement de votre espérance? » Ils vous répondront : « Nous n'en savons rien.» Beaucoup espéraient que ce serait tout de suite, et cela n'est pas arrivé : ce qui ne veut pas dire que cela n'arrivera jamais, et peut-être dans un temps qui n'est pas loin. La qualité la plus précieuse de la confiance en Dieu, c'est la constance. C'est pourquoi après dix-neuf ans d'attente ils continuent à espérer.

Ainsi continuait à espérer l'Église primitive, environnée d'une société païenne, sous un gouvernement hostile et sous des lois d'extermination, privée de tout secours humain, comme Daniel dans la fosse aux lions. Elle espérait encore après trois siècles d'inutile attente, et après qu'une expérience décourageante lui avait appris comment le plus charmant rayon de sérénité apparente se terminait pour elle dans une nouvelle tempête.

Enfin éclata cette épouvantable persécution qui, soulevée par Dioclétien en 303, et continuée pendant dix ans, paraissait devoir prouver à l'Église l'inanité des avantages qu'elle avait obtenus jusqu'alors. L'Église néanmoins espérait toujours, et ce ne fut pas en vain, car c'était précisément l'époque que Dieu avait choisie pour lui donner non seulement la paix, mais la liberté, la gloire et la protection d'un empereur chrétien.

Et aujourd'hui elle devrait renoncer à toute espérance après seulement dix-neuf ans d'épreuve?

Ainsi peuvent penser certains pusillanimes, qui confondent la résignation avec le désespoir, et qui prétendraient fixer à Dieu le temps précis pendant lequel ils veulent bien attendre et espérer son secours.

L'Église ne s'égare pas en de telles confusions. Résignée d'une part à toute épreuve, si longue soit-elle, qu'il plaira à Dieu de lui imposer, de l'autre elle ne perd rien de sa confiance en la puissance et en la bonté divines. Et le Vicaire de Jésus-Christ, quoi qu'il en soit des secours humains, ne cessera de répéter « qu'il place en Dieu la plus grande et la plus sûre confiance, que de Lui il attend le remède nécessaire aux maux intolérables de l'Église ».

Cent soixante et onze fois les papes furent dépouillés de leur domaine, et autant de fois, exemple inouï dans l'histoire de toute autre souveraineté, ils y furent réintégrés, à des époques et en des circonstances les plus diverses. C'est là vraiment un fait *singulier et grave;* car il révèle un ordre de Providence spécial et constant. Faut-il s'étonner alors, si les catholiques espèrent le voir renouvelé aussi de nos jours pour la cent soixante-douzième fois?

Telle est donc la confiance des catholiques. On peut bien la travestir, la tourner en ridicule ou la censurer sous mille prétextes; ce ne sont que des prétextes. La seule, la vraie raison de toutes ces attaques, c'est la secrète inquiétude qu'elle entretient dans le cœur des ennemis triomphants sur la stabilité de leurs triomphes. Inutile de le dissimuler. Cette confiance surhumaine par laquelle le Vicaire de Jésus-Christ, et avec lui le peuple catholique des deux mondes, espère de la bonté du Tout-Puissant, contre toute espérance humaine, que le domaine temporel du Saint-Siège, en quel temps que ce soit et peut-être plus tôt qu'on ne le pense, de quelle manière que ce soit et peut-être plus complètement qu'on ne le s'imagine, par quelque révolution que ce soit et peut-être plus pacifiquement que d'aucuns ne le croient possible, sera un jour reconstitué : cette ferme et tranquille confiance doit donner terriblement sur les nerfs aux auteurs de la sacrilège spoliation et à certains catholiques qui gémissent volontiers sur cette spoliation, mais qui pleureraient s'ils la voyaient réparée.

Il y en a qui plaisantent les catholiques parce que, dans les premiers temps de l'occupation de Rome, quelques personnes dévotes répandaient, sous forme de prophéties, leurs imaginations sur le prompt rétablissement de la souveraineté du Pape, et pas mal de gens y ajoutèrent foi.

Comme cette innocente erreur donne prise à la raillerie et occasion de travestir la vraie, la sûre confiance des fidèles, nos censeurs ne se font pas faute de la mettre en relief avec une visible complaisance, sans s'apercevoir que du même coup ils tombent dans la plus étrange contradiction. Ils reprochent aux catholiques d'avoir cru aux prophètes imaginaires du prochain triomphe de la papauté, et que prétendent-ils en même temps? Ils prétendent que l'on doit croire fermement à eux quand ils prophétisent que ce triomphe ne viendra jamais.

Oui, toutes les prétentions de ces critiques se réduisent à celle-ci : le Pape et le monde chrétien doivent s'incliner devant leur prophétie, fruit du sommeil et des songes, et croire en conséquence que Dieu ne rendra jamais au Pape son indépendance.

Malheureusement pour eux, ils arrivent trop tard. Les catholiques même les plus crédules se sont corrigés de leur erreur momentanée, ils éconduisent doucement tous les prophètes apocryphes avec leurs prédictions bonnes ou mauvaises. Ils se confient en Dieu; ils suivent leur Pasteur, et cela suffit.

Un écrivain qui, j'ai regret de le dire, n'est pas entré du tout dans les motifs de notre confiance, nous rappelle que « la reconstitution du *pouvoir temporel* n'est pas comprise dans les promesses divines faites à saint Pierre et à ses successeurs ». Merci de l'avertissement; il était superflu. Pas un catholique n'a jamais cru que l'État pontifical fût mentionné dans les évangiles. Mais les évangiles promettent en général l'assistance de Jésus-Christ à son Église et la récompense d'une vive et constante confiance en Dieu, chaque fois que l'on demande des grâces utiles à l'ordre spirituel, comme l'indépendance politique du Souverain Pontife.

Les évangiles ne promettent pas non plus au royaume d'Italie la stabilité dans sa monstrueuse situation actuelle, et néanmoins plusieurs nourrissent la confiance illimitée que ce royaume se maintiendra par la volonté *permissive* de Dieu, devenu sourd aux prières et à la confiance de ses serviteurs. Cela en vérité ne se trouve d'aucune façon dans les évangiles.

On insiste et on dit : « Le pouvoir temporel *n'est pas es-sentiel* à l'Église : *il a la raison de moyen, non de fin, et la Providence à ce moyen peut en substituer d'autres.* »

L'écrivain souligne lui-même ces paroles, pour fixer l'attention des catholiques, comme si les catholiques ignoraient ces vérités ou n'y pensaient pas assez. Mais ils les savent par cœur, seulement ils ne voient pas quel rapport il y a entre elles et leur confiance.

Assurément non ; le domaine temporel n'est pas *essentiel* à l'Église ; mais ne doit-on demander à Dieu et espérer de lui que ce qui est essentiel à l'existence de l'Église ? C'est tout le contraire. L'essentiel, c'est-à-dire l'infaillibilité du magistère authentique et autres choses semblables, on ne les demande guère ; on sait qu'elles sont promises absolument par Jésus-Christ.

« Le pouvoir temporel, ajoute-t-on, n'est qu'un *moyen* pour le bon gouvernement de l'Église. »

Qui en a jamais douté ? Mais les *moyens*, humainement parlant, indispensables, ne sont-ils pas précisément l'objet de nos prières et de notre confiance ? Le pain quotidien n'est pas une fin ; il n'est qu'un moyen ; la fin c'est la conservation de la vie, et Dieu pourrait soutenir la vie, s'il le voulait, par d'autres moyens que la nourriture ; et cependant lui-même nous a enseigné à espérer de lui le pain quotidien. De la même façon les catholiques espèrent que Dieu voudra restituer au Souverain Pontife l'indépendance politique, non comme une fin mais comme un moyen nécessaire ; et ils continueront de la sorte, du moins jusqu'au jour où ils verront que Dieu semble vouloir y substituer un autre moyen équivalent.

En présence d'objections si faibles, nous pouvons passer outre sans crainte. En attendant, quiconque admet que les vicissitudes humaines sont réglées par la divine Providence, et que cette Providence veille d'une manière spéciale à l'accomplissement de la mission confiée en ce monde au Pontife romain, devra, une fois cela admis, reconnaître que la confiance du Pape et des catholiques est tout à fait solide et continuerait à l'être, même si elle avait contre elle toutes les prévisions de la politique humaine; ce qui n'est pas. Néanmoins, nous le répétons, ces espérances surnaturelles très fondées, ces prévisions humaines si favorables qu'elles soient, peuvent sans doute consoler, encourager les catholiques dans leur résistance; mais elles n'en sont précisément ni la raison ni une condition nécessaire. Par conséquent nos censeurs sortent complètement de la question, lorsqu'ils nous reprochent l'impuissance de nos protestations à rendre possible ce qui leur paraît impossible. Les papes et les fidèles protestent parce que tel est leur devoir d'abord, ensuite pour seconder la préparation de circonstances meilleures, enfin pour que, au moment où il plaira à Dieu de ménager et de laisser venir ces circonstances, eux ou leurs fils, ou leurs petits-fils se trouvent prêts à en tirer tous les avantages

VII

LES PROPHÉTIES HISTORIQUES

Il y a une différence capitale entre les espérances que les catholiques peuvent nourrir et les pronostics que peuvent leur opposer les adversaires.

Il suffit aux catholiques, pour les soutenir, de pouvoir espérer qu'à une époque même prochaine, par un concours quelconque de circonstances favorables, divinement conduites, leurs vœux soient exaucés. Leurs contradicteurs doivent s'engager à prédire que cela n'arrivera d'aucune manière d'ici à une époque fort éloignée, et de fait ils le prédisent avec toute assurance.

L'engagement qu'ils endossent ainsi est certainement hardi; et en vérité il n'y a guère d'écrivains sérieux qui en prendraient un semblable pour des problèmes de l'avenir beaucoup moins compliqués. Mais ces fiers censeurs des prophéties d'autrui se sentent singulièrement attirés, eux aussi, par le charme de prophétiser, et ils croient avoir trouvé le fil qui les guidera en cette difficile entreprise. Le fil, c'est la philosophie de l'histoire.

L'historien, dit-on, s'il est philosophe, est, en un sens, et doit être prophète. Comment cela ? Parce que dans les causes il voit les effets et dans le présent il lit l'avenir, sinon dans tous les détails, au moins dans les points principaux.

Ce sont là de belles paroles ; mais autant elles sont spécieuses en théorie, autant elles sont pauvres d'applications pratiques, à en juger par certains philosophes qui ne savent même pas découvrir les causes des événements passés. Sans sortir de notre sujet, nous en trouvons un exemple chez ceux-là mêmes qui, voulant prouver que la souveraineté pontificale ne correspond plus aux conditions de notre âge adulte, s'efforcent d'en attribuer la première institution à la piété ingénue des peuples enfants.

M. Guizot, un protestant, l'un des plus grands politiques de notre siècle, et versé, si quelqu'un le fut jamais, dans la philosophie de l'histoire, trouvait la racine d'où sortit un jour cette souveraineté bien plus profonde et plus vaste.

Il écrivait : « L'union du pouvoir spirituel et du pouvoir temporel dans la papauté n'a pas été un fait systématiquement poursuivi et atteint au nom d'un principe rationnel ou d'une prétention ambitieuse ; le raisonnement et l'ambition y ont eu leur part ; mais c'est la *nécessité, une nécessité intime et continue* qui a vraiment produit et maintenu ce fait à travers toutes sortes d'obstacles... *Les possessions et le gouvernement sont venus à la papauté comme un appendice naturel et un appui nécessaire de sa grande situation religieuse...* Les donations de Pépin et de Charlemagne n'ont été que l'un des principaux incidents de ce développement à la fois spirituel et temporel, commencé de très bonne heure et secondé par les instincts des peuples comme par les faveurs des rois. C'est en devenant chef de l'Église, et pour l'être réellement, que le Pape est devenu souverain d'un État... Comme souverain temporel, le Pape n'était redoutable pour personne ; *mais il puisait dans sa souveraineté une efficace garantie de son indépendance et de son autorité morale* [1]. »

1. *L'Église et la société chrétienne en* 1861, par M. Guizot. Paris, 1861. Chap. XIX : La Papauté, p. 143 et suiv. Il ne sera pas sans intérêt d'avoir sous les yeux le passage tout entier ; le voici :

A cette analyse philosophique, pour la compléter, les papes ajoutèrent toujours un autre élément : la Providence spéciale de Dieu, qui, par un concours de causes extraordinaires dans leur ensemble, ménagea et conserva à l'Église cet appui nécessaire. Que cet élément ait échappé à un homme d'État protestant, il ne faut pas s'en étonner, puisqu'il échappe encore à certain écrivain catholique. Tant il est vrai qu'en philosophant sur l'histoire, le passage des causes aux effets est sujet à des faux pas, même quand il s'agit d'événements passés !

Mais le véritable embarras commence lorsque, d'après les causes actuelles, on veut pronostiquer l'avenir. Pourquoi ? Parce que toute l'histoire nous enseigne que le cours des vicissitudes humaines se compose de deux classes d'événements : les uns que l'on peut prévoir dans les causes déjà existantes quelque temps auparavant ; les autres

« L'union du pouvoir spirituel et du pouvoir temporel dans la papauté n'a pas été un fait systématiquement poursuivi et atteint au nom d'un principe rationnel ou d'une prétention ambitieuse ; le raisonnement et l'ambition y ont eu leur part ; mais c'est la nécessité, une nécessité intime et continue qui a vraiment produit et maintenu ce fait à travers toutes sortes d'obstacles. En remplissant et pour remplir sa mission, en exerçant et pour exercer son pouvoir spirituel, la papauté a eu besoin d'indépendance et d'une certaine mesure d'autorité matérielle ; elle les a acquises d'abord dans Rome, puis autour de Rome, puis dans d'autres parties de l'Italie, successivement et à des titres divers ; d'abord comme magistrature municipale, puis comme propriétaire territorial et en vertu du pouvoir politique inhérent alors à la propriété, puis à titre de souveraineté pleine et directe. Les possessions et le gouvernement sont venus à la papauté comme un appendice naturel et un appui nécessaire de sa grande situation religieuse, et à mesure que cette situation se développait. Les donations de Pépin et de Charlemagne n'ont été que l'un des principaux incidents de ce qu'on ne saurait prévoir du tout, même à la veille ou peu auparavant, parce que, cachés dans les causes ou non déterminés par elles, ils dépendent de la volonté libre des hommes ou de Dieu. Qu'on prenne une époque quelconque de l'histoire, profane ou ecclésiastique, peu importe, et on reconnaîtra la vérité de ce principe, qui d'ailleurs est assez élémentaire, et qui éteint chez le vrai philosophe l'envie de faire le prophète.

Prenons un exemple. Admettons que dans la fermentation des idées antisociales et antichrétiennes, déjà répandues dans le peuple français, on pouvait prévoir dès 89 les horreurs de 93. Quel philosophe assez perspicace aurait pu y voir et pronostiquer l'apparition de cet homme extraordinaire qui fut Napoléon Ier? Et pourtant c'était là, s'il en

développement à la fois spirituel et temporel, commencé de très bonne heure et secondé par les instincts des peuples comme par les faveurs des rois. C'est en devenant chef de l'Église et pour l'être réellement, que le Pape est devenu souverain d'un État.

« Ainsi amenée par le cours naturel des choses et la force des situations, l'union des deux pouvoirs dans la papauté a eu un résultat naturel aussi, quoique imprévu ; elle a établi et fait prévaloir leur distinction partout ailleurs. « Il faut, dit avec grande raison « M. Odilon Barrot, à l'Assemblée législative (séance du 20 oc- « tobre 1849), il faut que les deux pouvoirs soient confondus dans « l'État romain pour qu'ils soient séparés dans le reste du monde. » Bien des siècles avant M. Odilon Barrot, l'instinct des sociétés chrétiennes et l'instinct général de la civilisation européenne avaient dit ce même *il faut*. Comme souverain temporel, le Pape n'était redoutable pour personne ; mais il puisait dans sa souveraineté une efficace garantie de son indépendance et de son autorité morale ; l'égal des rois en dignité sans être leur rival en puissance temporelle, il pouvait défendre partout la dignité et les droits de l'ordre spirituel, vraie source et vraie base de son pouvoir. » (Note du traducteur.)

fut jamais, un *point* historique *important*, à cause des conséquences qu'il produisit pour l'Europe entière, parmi lesquelles on compta l'abolition du pouvoir temporel, et la tentative de réduire le Pape à la condition de sujet français.

L'heureux et habile tyran, après avoir soumis toute l'Europe, y avait disposé ses créatures, selon les règles d'une politique avisée, pour assurer la stabilité du nouvel ordre de choses créé par lui. Qui aurait pu prévoir en 1811, que cet homme, qui avait le génie de la guerre, commettrait la faute inconcevable de conduire toutes les forces de l'Europe au fond de la Russie, pour les faire périr de froid et de misère, comme s'il avait à cœur de faire mentir cette parole impie qu'il avait osé proférer : « L'excommunication du Pape ne fera pas tomber les armes des mains de mes soldats ? » Et de cette faute, impossible à prévoir deux années auparavant, dériva toute une nouvelle série d'événements et de situations en Europe, y compris la restauration du domaine temporel du Pape.

Et pour toucher à un trait de l'histoire plus voisin de nous, est-ce que la formation du royaume d'Italie ne fut pas le résultat d'un enchaînement de faits qu'aucune philosophie n'était capable de prévoir ? Où le philosophe aurait-il pu le lire ? Dans la tendance irrésistible du peuple italien à l'unité et à l'indépendance ? Mais tout le monde sait que cette tendance, avant 1848, était à peu près inconnue, même de nom, si ce n'est d'un petit groupe de conspirateurs. Et supposé encore, contre toute vérité, qu'elle eût existé réellement, cela suffisait-il pour pronostiquer qu'elle finirait par triompher ? Non, assurément, car cette même tendance, et très vive, elle existe aussi chez les Polonais soumis au domaine étranger de la Russie, de l'Autriche et de la Prusse ; elle existe chez les Irlandais soumis à l'Angleterre, et cependant les uns comme les autres, sur la fin du dix-neuvième siècle, se voient toujours dépouillés de leur nationalité.

En outre, quand même cette prétendue tendance aurait dû obtenir satisfaction en Italie, chacun sait qu'il y avait d'autres manières d'en venir à bout. Au lieu de tout cela, surgit le royaume d'Italie franc-maçon.

Mais pour arriver à ce résultat, quel ne dut pas être le concours d'événements favorables et tous impossibles à prévoir ! Après la répression de la première tentative en 1848, la Révolution pouvait compter sur la complicité de Napoléon III. Mais qui pouvait lire dans ce nom les victoires de Magenta, de Solférino, sans lesquelles le gouvernement piémontais n'aurait pu envahir le royaume de Naples et une grande partie des États pontificaux ? Et ainsi du reste. Car toute l'histoire donne un démenti formel à la sotte prétention de pouvoir, autrement que sous des conditions bien déterminées, annoncer l'avenir en le déduisant des causes présentes.

Au surplus, qui s'en croit capable n'a qu'à en faire l'essai. Que d'un livre historique, qui lui soit inconnu, il arrache un feuillet, et philosophant tant qu'il voudra sur les feuillets précédents, qu'il essaye de deviner ce qui est contenu dans le feuillet détaché ; puis qu'il confronte ses conclusions avec le récit véritable, et il verra si elles s'accordent avec les faits. Personne, que l'on sache, ne fut jamais capable d'un pareil tour de force ; car dans la succession des choses humaines les événements impossibles à prévoir se combinent continuellement avec ceux que l'on peut prévoir : quelquefois pour les seconder, comme l'avènement au trône de Napoléon III pour le triomphe de la Révolution en Italie ; souvent pour en rompre le cours, comme cela est arrivé cent fois dans les triomphes de la papauté, et comme il peut bien arriver d'une année à l'autre, même à notre époque.

Parmi les cas sans nombre où les papes triomphèrent des ennemis de l'Église, venus pour l'attaquer jusque dans Rome, il n'y en a presque pas un seul dans lequel la victoire ou la délivrance du Vicaire de Jésus-Christ n'ait dû paraître et n'ait été réellement contraire aux prévisions humaines. D'où il suit, qu'en philosophant sur les circonstances, sur l'état de la société, sur l'hostilité ou sur l'indifférence de ceux qui avaient en main la force, sur la rareté ou la faiblesse des partisans du Pontife, même sur les sentiments du peuple, comme le font aujourd'hui ceux qui blâment la confiance des catholiques, on en devait conclure alors, comme le font ces philosophes aujourd'hui, que la cause du Pape était définitivement perdue.

Et cependant autant de fois l'on philosopha de la sorte, autant de fois on se trompa ; non parce que ces causes n'existaient pas, ou quelques-unes en particulier ou toutes ensemble ; mais parce que chaque fois il en survint d'autres qui donnèrent un nouveau cours aux événements sous la direction de l'admirable Providence de Dieu, laquelle, sans le moindre miracle, par le simple changement des intérêts, change les ennemis en amis, force les ennemis à accomplir ses desseins et règle les cœurs et les destinées de tous les hommes.

Il philosophait de la sorte, assurément, ce roi des Lombards, Astolphe, lorsqu'à l'aurore de la domination pontificale, se voyant maître déjà de toute l'Italie et s'étant mis en tête de faire de Rome sa capitale, il la tenait étroitement assiégée et croyait déjà l'avoir dans sa main. Qui pensait alors à Pépin et à ses Francs? Cependant, au premier appel d'Étienne II, les Francs, comme s'ils étaient les soldats du Pape, accoururent à la rescousse, mirent en déroute le Lombard venu à leur rencontre, l'assiégèrent dans Pavie, et en peu de jours le forcèrent à se rendre. La dangereuse tentative d'Astolphe s'étant renouvelée peu après, elle eut contre toute prévision un résultat semblable et même un effet plus imprévu, en ce qu'elle confirma d'une manière plus solennelle et plus explicite la souveraineté pontificale à Rome.

Plus tard, le pape saint Léon IX marche précédé d'une armée pour protéger, contre les violences des Normands, les populations méridionales, sujettes *ab antiquo* de saint Pierre. Son armée est défaite, et lui-même tombe aux mains de ces sacrilèges déprédateurs ; mais ceux-ci, à la vue seule du Pape, se trouvent changés en d'autres hommes, et ils se donnent spontanément pour vassaux à leur prisonnier. Léon IX lui-même aurait-il pu prévoir en de telles causes un pareil effet ?

Sous le règne malheureux du Saxon Henri IV, lorsque la guerre contre le Pontife était conduite avec non moins de fureur par des évêques et un antipape que par l'empereur lui-même, qui venait d'entrer à Rome en ennemi, Alexandre II se vit menacé non seulement dans son domaine temporel, mais jusque dans sa dignité pontificale. Qu'arriva-t-il ? Quand tout se trouvait sens dessus dessous, voilà que les princes allemands contraignent Henri à se défaire de son favori Adalbert. Du même coup,

l'antipape Cadaloüs, perdant son principal appui, s'enfuit
de Rome pour toujours, et Alexandre II, reconnu pour
pontife. légitime, recouvre en même temps la pacifique
possession de son domaine.

Mais il nous faudrait refaire toute l'histoire des occupa-
tions étrangères subies à Rome par les papes, et des
triomphes qui en furent constamment le résultat, si nous
voulions énumérer tous les cas où leurs ennemis devaient
juger ce résultat ou impossible ou souverainement improbable. Qu'il nous suffise de dire ceci : Parmi plus de cent
cinquante exemples épars dans le cours d'au moins treize
siècles, il n'y a pas un genre de circonstances qui ne s'y
trouve représenté ; chaque fois pourtant les causes contraires manquèrent leur effet, et chaque fois la Providence
trouva de nouveaux expédients pour arriver à la même fin.

C'est pourquoi il est inutile de demander aux catholiques quel moyen le Seigneur prendra, cette fois-ci, pour
rendre au Pontife romain son indépendance. En vérité,
ils ne le savent pas ; ils ne sont pas prophètes. Ils auraient
dû toutes les autres fois répondre la même chose ; car s'il
est impossible de prédire un peu auparavant les événements abandonnés au cours ordinaire des causes naturelles,
il l'est bien davantage de prédire ceux qui sont soumis
à une providence spéciale.

Et de fait on a vu des exemples de toutes sortes. On a
vu au congrès de Vienne la protestante Angleterre et la
Russie schismatique, toutes les deux persécutrices du
catholicisme, plaider plus chaudement que les autres le
rétablissement du domaine temporel. On a vu également,
au congrès de Berlin, Bismarck s'élever le premier contre
la reconnaissance officielle du royaume d'Italie. Quand il

plut à Dieu, le même prince cessa le *kulturkampf*; et à qui lui lançait le sarcasme : « Vous allez donc à Canossa ? » l'homme de fer répondait plaisamment : « Oui, oui, une petite Canossa... » Les hommes plient entre les mains du Tout-Puissant; lui seul ne plie pas; et certainement en cette affaire du domaine temporel des papes, depuis treize siècles il n'a jamais plié.

C'est donc là un des cas très rares où la philosophie de l'histoire donnerait le droit, si elle le donnait jamais, de faire le prophète.

Ce qui déconseille les prévisions humaines, c'est que nous ne savons jamais si quelque cause nouvelle ne viendra pas troubler l'effet de la cause que nous avons sous les yeux. Car par l'intervention de cette cause nouvelle, les faits ne se succéderont plus suivant la loi que nous avions imaginée, mais suivant une autre. Si, au contraire, une induction constante nous découvre l'existence d'une loi qui persiste constamment en toute variété de circonstances et en toute conjoncture, alors nous aurions le droit de pronostiquer, sinon avec une certitude absolue, du moins avec la plus grande probabilité, les faits contenus dans cette loi.

Or, c'est précisément ce qui se vérifie par rapport à la perpétuelle restauration du pouvoir temporel. L'induction est telle qu'on en trouvera difficilement une semblable pour une loi historique quelconque ; et on devrait nier toutes ces lois, si l'on niait que le maintien de cette souveraineté est soumis à une loi constante.

Il est également indubitable que cette loi est une loi de providence spéciale. Dire que le domaine temporel des papes a survécu à plus de cent cinquante usurpations par la seule vitalité humaine ou par le concours fortuit des circonstances favorables, c'est ni plus ni moins une absurdité historique. Aucune autre souveraineté dans le monde ne s'est relevée plus de deux fois ; la règle générale, confirmée par des centaines d'exemples, est que la souveraineté, une fois tombée, ne se relève plus. Il y a donc une loi spéciale de la Providence qui protège la souveraineté temporelle des papes.

Mais cette loi ne pourrait-elle pas être aujourd'hui finalement abrogée ? Oui, c'est possible, absolument parlant. Mais d'abord, pour juger qu'il en soit ainsi, il ne faut pas s'en tenir à l'apparente impossibilité d'une restauration. Cent fois la restauration est arrivée, quand, aux yeux d'une philosophie de l'histoire plus ou moins suspecte, elle paraissait impossible ; cette condition est donc aussi comprise dans la loi.

Mais si l'impossibilité actuelle était fondée sur des causes toutes particulières qui n'existeraient pas dans les chutes antérieures du domaine temporel ? Ce n'est pas encore là une raison suffisante pour conjecturer que la loi est abolie. Autrefois également, les circonstances étaient toujours nouvelles, et souvent on pouvait dire que jamais l'Église ne s'était trouvée en pareille situation. La loi, si vous en voulez la formule, est celle-ci : « La souveraineté des papes se relève toujours au milieu des difficultés les plus diverses. »

Une seule chose pourrait faire douter, avec raison, de la continuation de cet ordre spécial de providence, ce serait si la souveraineté temporelle n'était plus nécessaire aux papes. Mais voilà que l'Église nous inculque précisément le contraire, en déclarant que cette souveraineté est tout à fait nécessaire aux papes pour le convenable exercice de leurs fonctions dans les circonstances présentes.

Par là, on voit combien mal à propos quelques écrivains rappellent ici les autres spoliations dont l'Église fut victime et auxquelles elle finit par se résigner, comme la suppression des principats ecclésiastiques en Allemagne, de certains privilèges et domaines qui lui furent successivement enlevés et qui ne lui furent jamais rendus. Ces privilèges, ces domaines, pouvaient sans doute lui être honorables et utiles, mais ils ne lui étaient pas nécessaires de cette suprême nécessité, qui est celle de l'indépendance politique du chef de l'Église universelle. Aussi l'histoire ne nous montre pas, dans leurs vicissitudes, l'ordre merveilleux de providence, qui resplendit dans la conservation de la souveraineté pontificale. L'archevêque de Trèves avait-il, par hasard, la même situation dans le monde catholique, et les mêmes relations avec lui que le Souverain Pontife? Ne pas reconnaître la différence essentielle qui existe entre les deux cas, n'est pas du tout conforme à la philosophie.

Il l'est encore moins de dire que la souveraineté temporelle était destinée à tomber, parce que telle est la loi commune des institutions humaines.

D'abord, il est tout à fait inexact d'appeler simplement humaine une institution introduite et maintenue par l'intervention visible d'une Providence divine toute spéciale, surtout quand nous savons que cette institution est intimement liée au bon gouvernement de l'Église. Mais voulût-on l'appeler ainsi, en vertu de quelle philosophie osera-t-on prétendre lui appliquer les lois des autres institutions humaines, quand l'histoire nous démontre positivement qu'elle est régie par une autre loi toute différente.

Concluons : si un catholique, philosophant sur le passé, prédisait comme indubitable la restauration de la souveraineté temporelle des papes, on ne pourrait pas lui donner complètement tort. Cependant le Pape, et avec lui le peuple catholique, ne vont pas si loin. Ils se contentent de recueillir du passé un appui solide à leur confiance ; et en vérité, s'ils ne le faisaient pas, ils mériteraient le reproche, non seulement de méconnaître les œuvres les plus splendides de la Providence, mais encore les enseignements de la philosophie de l'histoire.

VIII

LA SOUVERAINETÉ TEMPORELLE DES PAPES

ET L'UNITÉ POLITIQUE DE L'ITALIE

L'objection la plus forte, sinon l'unique, par laquelle on cherche à rendre odieuse la restauration d'un domaine pontifical, consiste à représenter cette restauration comme incompatible avec l'unité politique de l'Italie, et les catholiques qui la désirent, comme les ennemis de la patrie.

Cette idée, en effet, s'est tellement répandue, qu'il n'est pas rare de rencontrer des hommes, d'ailleurs instruits et d'un caractère très conciliant, qui se plaignent de ne pouvoir être aujourd'hui catholiques et bons Italiens. A des gens si favorablement disposés, il ne sera pas difficile de montrer combien une telle idée est fausse et injuste.

Commençons par ne pas confondre les questions. Il y a certainement des catholiques, et en grand nombre, qui sont politiquement contraires à la faction dominante. Il peut y en avoir aussi de tout à fait contraires à l'état présent des choses, puisque, même dans le camp libéral, il y a un parti, et il grossit de jour en jour, qui a juré de le renverser et qui y travaille.

Les monarchistes qui accusent les catholiques d'être les ennemis de la patrie ne doivent pas oublier que la même accusation leur est lancée par les républicains, et avec des preuves à l'appui. Il ne suffit pas de se constituer les champions de l'unité italienne pour pouvoir se vanter d'être des amis de la patrie, lorsque, dans le même temps, on en dilapide les biens, on en compromet, au gré d'un parti, les destinées, on l'élève à ces trois épouvantables primautés, des dettes, des crimes et de la décadence littéraire.

Ces accusations sont lancées à la fois par des républicains, des catholiques, voire des monarchistes, contre le gouvernement actuel, et cela avec la preuve irrécusable des chiffres. Les catholiques ensuite y ajoutent la persécution systématique, intentée à la religion, qu'ils regardent même politiquement comme le bien le plus précieux d'une société civilisée. — Si quelqu'un croit pouvoir passer sur toute cette ruine morale et matérielle de l'Italie, s'estimant bien dédommagé de tout par le grand avantage de l'unité, d'autres en Italie, libéraux ou catholiques, peuvent bien aspirer à un nouvel état de choses, qui sauvegarderait l'unité et mettrait fin à un gouvernement aussi désastreux. Autrement l'unité politique ne servira qu'à une fin, celle qu'avait en vue Caligula, quand il désirait que le genre humain n'eût qu'une seule tête pour pouvoir la trancher plus à son aise. Étant supposée la réalité indéniable de telles plaies, c'est donc plutôt à leurs auteurs et à tous ceux qui les soutiennent de leur connivence et de leur faveur, qu'il appartient de voir comment ils peuvent échapper au reproche d'être eux-mêmes les vrais ennemis de la patrie.

Mais il n'est pas à craindre que ces catholiques, en regardant la faction dominante comme un véritable fléau pour l'Italie, en appellent aussi, pour la réalisation de leurs désirs, aux violences et aux massacres, comme les en accusent leurs ennemis, et même, ce qui est plus inconcevable, des gens qui se disent catholiques. De toute façon, n'est-il pas étrange que de tels reproches soient adressés aux citoyens les plus timides et les plus tranquilles? Et par qui? Par une faction toute ruisselante du sang fraternel répandu dans les fusillades de Turin, à la prise d'Ancône, à celle de Gaëte, au bombardement de Palerme, et dans les onze mille fusillades judiciaires exécutées sur les Italiens des provinces méridionales.

Qu'on laisse donc enfin de côté la manie, aussi injuste que sotte, d'accuser comme ennemis de la patrie, ces catholiques qui, en politique et au nom de leur religion outragée, repoussent l'état de choses actuel. Ils sont citoyens autant que pas un, et ils désirent voir une Italie riche, industrieuse, instruite, polie, religieuse, forte à l'intérieur ; et, à l'extérieur, respectée, indépendante, non seulement des ordres publics, mais encore des injonctions secrètes de gouvernements étrangers. Or, sous le régime actuel, avec la faction qui est au pouvoir, leur patrie s'abîme chaque jour davantage dans les maux contraires à ces biens. Agir en ennemi, est-ce le fait de ceux qui reconnaissent cette situation et veulent y remédier, ou bien de ceux qui la dissimulent et crient sans cesse : « Après tout, l'Italie est unie? »

Mais ce qu'il importe surtout de bien fixer dans l'esprit, c'est que la question de la souveraineté temporelle des papes ne porte aucune atteinte à celle de l'unité de l'Italie, attendu que toutes les deux auraient pu et pourraient encore exister en parfait accord.

Un écrivain voulant naguère déterminer les causes qui amenèrent l'abolition de la domination pontificale, et qui restent, selon lui, l'invincible obstacle à son rétablissement, réduit ces causes à deux : La première, c'est « la tendance commune à tous les peuples, en ce siècle prin-

cipalement, à se former en unité de nation »; la seconde,
c'est « le mouvement extrêmement fort qui pousse les sociétés modernes à éliminer le principe religieux de leur
propre sphère, à *se laïciser*, à établir leur autonomie la
plus absolue en face de l'Église ».

Or, supposé que l'histoire doive avant tout être l'histoire, c'est-à-dire exposer les faits et non les inventer
pour les besoins d'une théorie, on sait dans quelle mesure la formation du royaume actuel, ainsi que la spoliation
du Pape, a eu pour cause un mouvement naturel et irrésistible du peuple italien à se constituer en unité de nation.

Quiconque est assez avancé en âge pour avoir été té-
moin de ces événements se rappelle comment, à l'exception de la Lombardie et du pays vénitien, la révolution
et la reddition des autres provinces italiennes au royaume
subalpin, là où elle ne s'est pas opérée par la force des
armes, malgré la résistance désespérée des populations et
des flots de sang répandu, comme dans les provinces
méridionales, s'est accomplie partout ailleurs par l'audace d'un petit nombre de sectaires, sans le concours du
peuple, que terrorisaient leurs sanguinaires vengeances.
Tant il est vrai que le désir populaire d'une Italie unie
a une part peu considérable, pour ne pas dire nulle, dans
la destruction des petits États !

Mais en particulier, il est faux aussi que l'anéantisse-
ment du domaine pontifical en 1870 soit venu de ce désir
populaire. Il n'y entra pour rien de la part de la population de Rome, qui reçut les nouveaux arrivés comme on
aurait reçu une invasion d'étrangers[1]. Il n'y entra pour

1. Tous se rappellent comment, en 1871, fut recueillie et présentée au Pape une déclaration de fidèle adhésion souscrite par

rien de la part des envahisseurs ; car l'Italie pouvait bien
se croire constituée en unité de nation, après avoir réuni,
sous un seul sceptre, toutes les provinces italiennes, des
Alpes à Lilybée, et la petite oasis laissée au Pontife n'était
pas de nature à altérer l'intégrité du nouveau royaume.
Ce ne fut donc pas le motif de l'unité qui rendit nécessaire
l'extinction du pouvoir temporel.

Au début, lorsque, en 1848, l'idée de l'unité commença
à se répandre, tous conviennent que le dessein était de
faire une union fédérative, qui eût été et serait encore
plus naturelle, plus conforme aux conditions ethnogra-
phiques, sociales et économiques de nos peuples. Les États
secondaires firent un premier pas dans cette voie par la
ligne douanière. Mais ce mouvement s'arrêta, non pas
devant les obstacles suscités par les partis extrêmes,
comme quelqu'un l'a écrit, mais devant les menées du
parti monarchique, qui craignait de se voir couper l'herbe
sous les pieds, si un autre eût doté l'Italie de son unification, sous le couvert de laquelle il comptait faire accepter
au pays sa propre domination et le règne de la Révolution
antichrétienne.

Les résultats qu'a donnés et que donne encore l'unité
fédérative en nations, là où la diversité des races ou des
autres conditions produit une hétérogénéité notable d'é-

plus de vingt-sept mille citoyens romains, d'un âge supérieur à
vingt et un ans. Cela eut lieu peu de mois après que les envahisseurs avaient publié, dans toute l'Europe, le résultat de leur
fameux plébiscite, dans lequel il ne s'était trouvé que quarante-
six votes favorables au domaine du Pape. Plus tard, les journaux
libéraux eux-mêmes firent des gorges chaudes et se moquèrent de
ce plébiscite ; ce qui n'a pas empêché qu'on n'en ait voulu perpé-
tué le souvenir par un monument public.

léments, ne laissent rien à désirer. Les États-Unis de l'Amérique du Nord, républicains, et l'Allemagne, composée d'États monarchiques, sont deux exemples qui montrent comment les éléments hétérogènes d'une nation peuvent procurer, au suprême degré, les avantages de l'union d'État, sans perdre leur individualité, que dis-je? en la développant au contraire dans des conditions incomparablement plus favorables. L'union communique aux parties la dignité et la force du tout ; mais si elle est effectuée par voie d'annexion, elle diminue la vitalité des parties et cette diminution est rarement compensée par les avantages que l'État distribue proportionnellement et par rapport au bien général de la nation plutôt qu'au bien particulier des provinces. L'union fédérative au contraire accumule les deux vitalités avec le plus grand accroissement de force, d'activité et par conséquent de prospérité, qui se puisse obtenir dans la vie d'un peuple. — Un rameau greffé reste toujours dans les conditions restreintes d'un rameau ; planté en terre, et libre de prendre racine, il grandit selon ces propres forces et devient un arbre.

L'Italie pouvait donc se constituer en unité, en laissant vivre les États secondaires ; cela eût été un avantage pour les habitants de chacun des États, et par suite pour la nation entière, de former une confédération, au lieu de se voir absorbés dans un royaume unique.

La brochure, plusieurs fois citée, admet que si l'unification des États se fût effectuée par les gouvernements légitimes d'alors, sous forme de fédération, la domination pontificale aurait pu subsister encore quelque temps.

Et pourquoi pas encore très longtemps, lorsqu'on aurait adopté les tempéraments que la condition des temps pouvait exiger? Quant aux tendances nationales et à l'antipathie contre un régime trop ouvertement ecclésiastique, il y avait moyen de diminuer assez la dépendance de quelques provinces du Saint-Siège, pour que ces provinces, en conservant substantiellement la subordination, n'eussent rien à désirer en fait d'autonomie. Ainsi raisonnait Cavour lui-même en 1857, lorsque n'était pas mûre encore l'espérance de s'emparer de Rome.

La souveraineté du Pape n'exige une dépendance absolue de son gouvernement central, que dans cette étendue de territoire qui est nécessaire pour garantir au chef de l'Église l'indépendance réelle et visible de ses actes. Le lien qui attachait au domaine pontifical maintes communes du moyen âge, tout en conservant la souveraineté, était si souple qu'il ne pourrait même aujourd'hui donner ombrage au plus susceptible des peuples.

Il serait superflu d'entrer ici en d'autres détails. Cet aperçu est suffisant pour faire comprendre que le domaine pontifical était de toute façon conciliable avec l'unité italienne, même monarchique. Mais lors même que l'unité d'État eût été incomplète, « Nous, dit le Saint-Père Léon XIII, dont nous citons les paroles apostoliques, sans entrer dans des considérations qui touchent au mérite intrinsèque de la chose et Nous plaçant uniquement pour un instant sur le terrain même des adversaires, Nous demandons si cette condition d'unité constitue pour les nations un bien tellement absolu, que, sans lui, il n'y ait pour elles ni prospérité ni grandeur, ou tellement supérieur, qu'il doive prévaloir sur tout autre. Le fait de nations florissantes, puissantes et glorieuses, qui n'ont pas

eu et qui n'ont pas cette espèce d'unité que l'on désire, ré-
pond pour Nous ; et la même réponse Nous est aussi donnée par la raison naturelle, qui reconnaît que, dans un
conflit, ce qui doit prévaloir, c'est le bien de la justice,
premier fondement du bonheur et de la stabilité des États ;
et cela spécialement quand il est lié, comme il arrive ici,
à l'intérèt le plus haut de la religion et de l'Église tout
entière. Devant celui-ci, il n'y a pas à hésiter : que si, de
la part de la Providence divine, ç'a été un effet de prédi-
lection spéciale envers l'Italie d'avoir placé dans son sein
la grande institution du pontificat, dont chaque nation se
sentirait honorée, il est juste et nécessaire que ies Italiens
ne regardent pas à des difficultés pour la maintenir en une
condition qui lui convienne. D'autant plus que, sans exclure de fait d'autres tempéraments utiles et opportuns,
sans parler d'autres biens précieux, l'Italie, en vivant en
paix avec le pontificat, verrait l'unité religieuse, fondement de toute autre et source d'avantages même sociaux,
puissamment cimentée [1]. »

Ils font vraiment compassion, ces politiques qui, à une
solution, sollicitée par de si grands intérèts, voient partout
des difficultés insolubles, tandis qu'on a dû en surmonter
d'infiniment plus grandes pour former cet état de choses
si contraire à la nature. Il est vrai que pour y arriver on
n'a pas épargné des fleuves de sang italien, on ne s'est pas
faite faute de violences, de corruptions, de crimes et de
coquineries (*balossate*) pour employer le terme même
du roi galant-homme.

Mais que les bons Italiens soient tranquilles. Pour
rendre au Pontife la souveraineté qui lui est nécessaire, et

1. Lettre au cardinal Rampolla, 15 juin 1887.

qui serait pour cent motifs profitable à l'Italie, il ne faudrait pas autre chose que la bonne volonté, et, par rapport aux exigences des temps, cette sage condescendance qui est connue de toute diplomatie ordinaire et qui certainement ne serait pas étrangère à celle de Léon XIII.

Pourquoi donc la restauration ne se fait-elle pas ? Pour ne pas altérer l'unité de l'Italie ? Aveugle, qui le croit ! Elle ne se fait pas, pour le second des motifs mentionnés plus haut : la haine contre l'Église de Jésus-Christ. Cette haine n'est pas dans le peuple, Dieu merci, mais elle inspire la secte qui, ayant mis la main sur le pouvoir, fait servir la politique à ses projets antichrétiens préparés depuis longtemps.

L'incroyable aveuglement de certains détracteurs ne se révèle jamais plus malheureusement que lorsqu'ils font un crime au *non possumus* de Pie IX et à son inflexible résistance, de ce qu'on n'a pas sauvé au moins un lambeau de souveraineté pontificale.

Des hommes qui prétendent philosopher sur l'histoire ne savent pas que l'abolition totale du pouvoir temporel était notoirement résolue dans les plans de la Révolution, à telles enseignes que Florence, tant qu'elle fut le siège du gouvernement, était désignée sous le nom de *première étape* et de capitale *provisoire* du royaume. Et, cela posé, si un libéral a jamais dit à quelqu'un : « L'attitude du Pape a été pour quelque chose dans l'occupation de Rome, » que faudrait-il en conclure ? Rien, sinon qu'il se jouait de la crédulité de son auditeur.

S'il y a un point avéré dans l'histoire, c'est celui-ci : que les hommes de la faction dominante dépouillèrent le Pape et veulent en maintenir la spoliation pour des desseins propres à eux, étrangers à l'avantage politique du pays. Un autre point également clair, c'est que les hostilités de l'Italie légale contre l'Église ne proviennent pas le moins du monde de la question qui existe entre elle et le Pape au sujet du domaine temporel.

Chose incroyable ! nombre de bons Italiens ne sont pas encore arrivés à comprendre leur temps, ni les faits au milieu desquels ils vivent. Ils seraient au comble de l'étonnement si on leur disait que la faction dominante est moins un parti politique qu'une secte religieuse, ou, pour parler plus exactement, antireligieuse et antichrétienne.

Il ne leur suffit pas de voir que le journalisme de la faction ne cesse de combattre et de vilipender le christianisme ; que la même chose se fait partout : dans les écoles, par des livres et des maîtres choisis à ce dessein ; dans la législation, dans les dispositions dépendant de l'autorité.

Pour ne pas ouvrir les yeux à la réalité des choses, ils attribuent cet acharnement à des représailles contre les protestations du Pontife, coupable de ne pas se résigner à la spoliation. Et pour les détromper il ne leur suffit pas de savoir que ce plan de persécution commença, dès 1848, *avant qu'on parlât de question romaine*, à s'exécuter dans le royaume subalpin, par des violences encore plus manifestes et plus tyranniques, par des procès, des emprisonnements de prêtres, d'évêques et de cardinaux ; il ne leur suffit pas de voir que la même secte, partout où elle est au pouvoir, et sans être aiguillonnée par la question du pouvoir temporel, poursuit autant que possible le même plan de persécution contre le christianisme : ici, faisant enlever les crucifix des écoles, et les entassant dans les voitures d'immondices, comme cela eut lieu en

France ; là, exilant les prêtres, prenant aux catholiques leurs églises, comme en Suisse ; ou, pour ne citer que ce fait, punissant de la prison jusqu'à l'absolution donnée par un prêtre au moribond, comme dans le *Kultur-kampf* d'Allemagne.

Tout cela ne suffit pas pour éclairer ces bons Italiens sur l'esprit qui anime la faction dominante et en dirige le gouvernement.

Bien plus ; à cela ne suffisent même pas les déclarations explicites, qu'on lit dans les actes officiels de la Chambre. Les citer toutes exigerait un volume. De Sanctis, déjà avant d'être ministre, déclarait : « Le parti libéral est apparu la première fois en Europe pour combattre la liberté de l'Église [1]. » — Andreotti disait en plein parlement italien : « Nous avons besoin d'une révolution faite au nom de tous les cultes contre le culte catholique [2]. » — Et Crispi, dès la fin d'avril 1865, s'écriait : « Il faut terrasser le catholicisme [3]. » — Et Piccolomini : « Le catholicisme est la négation de l'humanité. » — Et le ministre Cairoli : « Le catéchisme est un livre immoral qui devrait être banni des familles. » Enfin le *Diritto*, sans la moindre hypocrisie, écrivait le 7 août 1863 : « Quand la *Civiltà cattolica* dit que la fin dernière de la Révolution italienne est la destruction de l'Église, la *Civiltà Cattolica* a raison [4]. » — « Écrasez l'infâme ! » hurlait le grand-prêtre de la Révolution française ; et le poète de la Révolution italienne lui répondait par *l'Hymne à Satan*.

1. *Act. off.*, 1867, p. 1237.
2. *Ibid.*, p. 1186.
3. *Ibid.*, p. 3490.
4. Voir l'*Unità Cattolica* du 10 décembre 1880.

Telle est la *réalité des choses.*

Si un lecteur favorable au régime actuel, mais incapable de ressentir ces haines impies et fanatiques, avait peine à croire que les hommes de l'Italie légale s'opposent à la restauration d'une souveraineté pontificale pour un motif autre que l'intérêt de la patrie, il le sait maintenant, et il sait aussi quel est ce motif.

Dès lors il saura aussi que penser de ces censeurs qui rendent le Pape responsable de la persécution endurée par la religion en Italie ; comme si l'acharnement des persécuteurs provenait d'une irritation causée par les protestations du Pape au sujet du domaine temporel, et non pas d'un dessein prémédité de la secte. C'est absolument comme si on accusait l'agneau d'irriter par ses plaintes le loup qui le dévore.

Les hommes funestes qui depuis trente ans gouvernent l'Italie, avancent dans leurs projets sectaires, indépendamment des plaintes que le Pape doit faire entendre et que renouvellent sans cesse bien d'autres outrages ajoutés à celui de la spoliation. Est-ce que par hasard on prétendrait que le Vicaire de Jésus-Christ, pour ne pas irriter les impies, doit abdiquer l'office de gardien de l'Église que Dieu lui a confié, et tolérer, sans mot dire, la destruction de la foi et la corruption des mœurs?

Les pages précédentes étaient écrites lorsque, pour en confirmer le contenu de la façon la plus éclatante, est arrivée la scandaleuse inauguration du monument de Jordano Bruno, célébrée à Rome le 9 juin.

Nous laissons de côté l'inconvenance d'une apothéose

décernée à l'immonde auteur du *Chandelier*, apôtre beaucoup plus du libertinage que martyr, comme on l'acclama,
de la libre pensée. Si cette saturnale, par son indécence,
avait de quoi dégoûter tout homme honnête, tout chrétien,
fût-il hétérodoxe, dut s'en indigner en voyant arborer au
milieu des bannières maçonniques la figure de Satan ; en
entendant un maire de Nole s'écrier à haute et intelligible
voix : « Par ce monument l'humanité a tourné le dos à la
religion et rendu hommage à la science. »

Quant à la grande société catholique du monde entier,
elle dut subir l'affront de voir ses ennemis librement réunis à Rome même, pour y insulter en face son auguste chef,
et célébrer sous ses yeux la chute du catholicisme et même
de toute religion.

Le député Bovio, au pied du monument, commença son
discours par ces mots : « Le 20 septembre est moins douloureux à la Papauté que le 9 juin... Alors l'Italie entra à
Rome, terme de sa marche en avant; aujourd'hui Rome
inaugure la religion de la pensée, principe d'une autre ère. »
Et cette infâme cérémonie, déclarée par ses auteurs plus
outrageante à la papauté que la prise même de Rome, fut
accomplie par la faction dominante presque en vue du
Vatican.

Le gouvernement affecta, aux yeux du monde, de n'y
prendre aucune part. Mais, sous les yeux de Rome et du
Pontife, cent dix-huit députés et dix-sept sénateurs, sur des
tribunes distinctes réservées pour eux, assistèrent à la
dégoûtante solennité. Et puis avons-nous oublié que les
dernières élections municipales, décidées par les nombreux
employés du gouvernement, se sont faites sur ce mot d'ordre :
Le monument de Jordano Bruno?

Les catholiques du monde entier peuvent-ils rester calmes en présence de semblables provocations? La population de Rome, il est vrai, ne s'y prêta point; on compte par milliers les Romains qui se réfugièrent à la campagne pour se soustraire à ce scandale, et par milliers aussi les adresses de protestation et de respectueuses condoléances venues de toute part au Pontife outragé.

Un grand nombre de libéraux monarchistes s'enfuirent aussi de Rome ce jour-là; car la démonstration ne fut pas moins républicaine, au fond, que antipapale à l'extérieur. La secte ennemie du Pape est également ennemie de la monarchie. La marée monte; et cependant nos girondins n'ouvrent pas les yeux pour voir le péril et aller chercher le salut de l'Italie dans une juste satisfaction accordée aux réclamations du chef de l'Église.

Étant donnée, chez les hommes qui gouvernent l'Italie, la disposition d'esprit que nous avons reconnue, il n'est pas à présumer qu'à moins d'un concours de circonstances tout à fait providentielles on en vienne jamais à une conciliation entre l'Italie légale et l'Église, tant que ces gens-là seront au pouvoir. Mais il est bien possible, et même, vu le bon sens propre aux Italiens, on peut espérer certainement que, la vérité se faisant jour dans les esprits, on commencera à réfléchir, à se demander quel profit l'Italie a retiré, depuis trente et quarante ans, d'un gouvernement sectaire, et par suite il est fort probable que tout ce qu'il y a d'hommes honnêtes et animés du véritable amour de la patrie finiront par lui enlever l'appui de leur faveur, et, s'ils ne le renversent pas, ils le forceront au moins de mettre un frein à sa guerre insensée contre l'Église.

IX

LA RESTAURATION DE LA SOUVERAINETÉ

PONTIFICALE

ET LA VOLONTÉ DU PEUPLE ITALIEN

Et pour produire ce revirement dans l'opinion d'un grand nombre, pas n'est besoin d'un miracle ; déjà même aujourd'hui, le fruit semble mûr.

Jamais aucun gouvernement, hormis ceux qui sont issus de la même racine, de la Révolution française, cité au tribunal du bon sens des citoyens, ne dut y comparaître plus évidemment et plus gravement coupable d'avoir nourri de paroles vaines le pays, pendant qu'il en sacrifiait les intérêts les plus vitaux. L'effroyable dissipation de la richesse publique, arrivée jusqu'à la ruine financière, en touchant de plus près et plus vivement même les moins attentifs, ne saurait manquer de disposer la nation à une juste sévérité contre le parti qui, seul, du haut en bas, en a fourni tous les auteurs.

L'incapacité en pareille matière serait déjà, par elle-même, un terrible chef d'accusation ; il est encore aggravé par l'inévitable soupçon d'une dilapidation habituelle. L'épouvantable chiffre de 13 milliards d'emprunt, sans compter beaucoup d'autres, dissipés en dépenses on ne sait pas bien lesquelles ; les nombreux exemples de malversations qu'on n'a pas su cacher suffisamment ; le nouveau mot lui-même d'*affarismo* (affairisme) inventé pour exprimer une nouvelle espèce d'immoralité administrative, tout cela finira par mettre en suspicion jusqu'aux âmes les plus ingénues.

De là, les Italiens honnêtes passeront à considérer plus posément à quel degré d'abaissement, sous la domination de ces gens-là, sont tombés chez nous l'administration de la justice, et l'instruction publique, et l'éducation de la jeunesse, et la morale publique; alors enfin on ouvrira les yeux sur la guerre déshonnête suscitée à la religion catholique, qui est la religion non d'une partie seulement, mais en vérité de la totalité du peuple italien.

On se demandera quel dédommagement, au milieu de ces décadences, la faction a su procurer à l'Italie; on n'en trouvera pas d'autre qu'une attitude guerrière minée dans sa base qui est l'état financier et des alliances au fond desquelles se trahit toujours l'inquiétude d'une existence qui n'est pas encore légitimée.

Il semblera à peu de personnes que de tels avantages suffisent pour faire pardonner à leurs auteurs tant de ruines en tous les ordres, économique, moral, social et religieux. Et quand cette opinion sera une fois entrée dans les esprits bien pensants, nous ne serons plus bien loin d'un état de choses meilleur, tant pour les autres intérêts que pour la paix religieuse.

En attendant peut-on dire avec vérité que la nation, même aujourd'hui, soit opposée au rétablissement de l'indépendance politique du Pape? Parlons franchement. L'idée qu'on peut dire aujourd'hui vraiment populaire est celle de l'unité de l'Italie. Il est vrai néanmoins, pour qui est au courant des choses, qu'aujourd'hui encore, si l'on proposait aux peuples de choisir entre l'unité fédérative et l'unité d'État, une moitié au moins, sans distinction de libéraux et de non libéraux, voterait pour l'unité fédérative.

Quant à la restauration de l'indispensable souveraineté pontificale, elle est bien un spectre horrible pour les fanatiques ennemis du catholicisme relativement peu nombreux, et l'on peut créer, à l'encontre, une opinion publique artificielle en la représentant comme la destruction de l'unité italienne; mais ce préjugé une fois disparu, — et il n'est pas difficile de le faire disparaître,— on peut affirmer avec certitude que la grande majorité de la nation et aussi de la partie libérale, loin de s'en trouver mal à l'aise, serait au contraire fort contente d'en finir une bonne fois avec cette question, même politiquement, très préjudiciable à l'Italie.

Combien est populaire en Italie l'idée d'une conciliation avec le rétablissement bien entendu d'une souveraineté pontificale, on peut en juger par la pétition déjà mentionnée de 1887-1888. Les promoteurs comptaient la couvrir de deux millions au moins de signatures, toutes d'individus ou électeurs ou ayant droit de l'être; et cependant ils devaient en exclure tous ceux qui penchaient plus ou moins vers la partie libérale, car la pétition venait de la partie cléricale; puis un très grand nombre de gens bien disposés, mais dépendant par leur office, soit du gouvernement, soit de supérieurs libéraux; car pour eux il y avait un vrai danger à souscrire; et ceux qui le méprisèrent s'en aperçurent bientôt aux coups dont ils furent frappés.

Nos censeurs habituels ont voulu réduire à néant la valeur de cette démonstration, en insinuant que la qualité des signataires rendait encore plus méprisable l'exiguïté de leur nombre. Et de là, par un vieil artifice de rhétorique, ils prennent sujet de taxer le gouvernement de maladresse ; comme si, par son intervention hostile, il avait fourni aux catholiques un excellent prétexte pour couvrir leur propre insuffisance, insuffisance qui se serait montrée dans tout son jour, si on les avait laissés faire à leur guise.

Que répondre à ces arguties d'esprits prévenus? Une seule chose : le censeur, qui paraît si bien connaître la qualité des signataires, *n'a jamais vu leurs signatures réunies;* en sorte que son affirmation est pour le moins toute gratuite.

Quant à la peine que se donna le gouvernement pour arrêter la souscription, on accordera facilement que ces vieux conspirateurs (entre eux, ils s'honorent de ce titre) savent juger de leur péril et de leur intérêt beaucoup mieux que ne saurait le faire un simple et naïf catholique.

Si le gouvernement jugea utile de destituer des maires, des inspecteurs scolaires, pour ne rien dire des instituteurs ni des autres employés de moindre importance, c'est un signe d'abord qu'il y avait sur la pétition des signatures de maires et d'inspecteurs, non pas seulement de villageois et de paysans ; c'est un signe encore que la pétition menaçait de rendre visible un désir populaire beaucoup plus répandu qu'on n'aime à le faire croire.

Deux millions de signatures auraient eu déjà par elles-mêmes une valeur qui n'était pas à mépriser ; mais cette valeur devenait triple, quintuple aux yeux des politiques, qui n'ignorent pas que, sous la domination d'un parti, la crainte et la fatigue tiennent à l'écart les deux tiers des opprimés, que l'intérêt, le courant, grossissent des quatre cinquièmes la faction des oppresseurs.

Le gouvernement donc, au point de vue de sa politique arbitraire, a bien fait d'intervenir ; il y était contraint par la gravité de l'affaire. Son vrai tort a été de ne pas étouffer la pétition dès le principe, se flattant qu'elle n'aboutirait pas. Mais quand il la vit couverte déjà do plus d'un demi-million de signatures, il était de son intérêt de prévenir, par tout moyen, même par la violence ouverte, le scandale d'un chiffre quatre fois plus élevé. Le scandale du chiffre déjà obtenu pouvait ensuite être dissimulé aux yeux des simples, rien qu'avec l'artifice de rhétorique employé par les susdits critiques ; mais le scandale de deux millions d'électeurs demandant que le Pape fût réintégré dans la liberté politique qui lui convient et lui est nécessaire, par quel moyen l'éluder ?

Comme ils doivent rire sous cape, les hommes de la Révolution, quand ils voient certains catholiques s'appliquer à persuader au public que leur propre parti, en Italie, est réduit à l'extrémité. Les libéraux applaudiront, sans aucun doute, à de semblables discours, et ils s'en serviront comme d'un aveu précieux ; mais ils sont les premiers à n'être pas persuadés et à n'avoir cure de le paraître. Dans cette Rome elle-même, qu'on nous donne comme devenue aujourd'hui à moitié païenne et s'accommodant de ses nouveaux maîtres, n'a-t-il pas fallu, à l'époque des dernières élections municipales, pousser aux urnes dix mille employés du gouvernement, racolés de toutes les provinces d'Italie, pour contre-balancer les suffrages des vrais citoyens romains votant selon la direction du Pape ?

Nous ne prétendons point par là que, parmi les catholiques eux-mêmes et les Romains en particulier, ceux à qui le rétablissement du gouvernement pontifical causerait

quelque dommage ne doivent pas ressentir l'amertume
de leur perte. Sur un tel sujet, il est facile de charger le
tableau de couleurs désolantes à la fois et irritantes.
De fait, un changement politique ne s'effectue jamais sans
déranger des intérêts particuliers : avantage à quelques-
uns, dommage à d'autres ; pour ne rien dire des compen-
sations qui équilibrent le compte, non seulement de la société, mais encore du plus grand nombre des individus.

Évaluer l'avantage ou le dommage économique, qui
résulterait d'un rétablissement de la souveraineté pontificale, exigerait nombre de pages ; quelques lignes suffiront
pour démontrer que le calcul établi par les fauteurs du régime actuel néglige pas mal d'éléments tout à fait essentiels.

Pour traiter de Rome en particulier, quiconque y demeure et voit les choses de ses propres yeux, y distingue
deux populations, toutes deux complètes en elles-mêmes
et à la fois parfaitement distinctes ; l'une est native, romaine ; l'autre venue d'ailleurs, composée d'Italiens de
toutes les provinces, amenés ou attirés par la capitale, et
pas plus romaine à Rome, pendant qu'elle y séjourne,
qu'elle n'était hier florentine à Florence, qu'elle ne serait
demain napolitaine à Naples, si l'on y transférait la
capitale du royaume.

Or, si l'on considère que cette seconde population
immigra à Rome, avec tous les éléments d'une société
complète, ouvriers et artistes par milliers, déclassés,
négociants, spéculateurs, il n'est pas difficile de comprendre comment la masse de la population primitive ne
doit pas trouver grand avantage à une pareille immigra-
tion. Le fait est que, malgré la construction d'une cité
toute nouvelle, les artistes romains n'ont pas eu en général

plus de travail qu'auparavant, si même ils n'en ont pas eu beaucoup moins ; et, parmi les négociants, les indigènes succombent continuellement sous la concurrence des nouveaux venus.

La valeur du sol s'est augmentée outre mesure, et on a engagé d'énormes capitaux dans les constructions ; c'est pourquoi on insiste, non sans fondement, sur le dommage qui résulterait, pour les propriétaires, de la dépréciation de celles-ci et de celui-là. Parfaitement vrai. Mais il ne faut pas oublier le profit que les propriétaires romains ont tiré de la première vente du sol ; ce fut une affaire de bien des millions. Il ne faut pas oublier non plus que les augmentations ultérieures de prix furent en grande partie fictives, produites par un courant artificiel de spéculations et ramenées ensuite à la réalité par l'inévitable *krach* édilitaire. Les pertes de spéculateurs avides et aventureux émeuvent toujours moins que celles des modestes propriétaires. Et en calculant les dommages que produirait le retrait de la capitale, il ne faut pas oublier d'évaluer aussi les pertes désastreuses que son établissement a déjà causées à bon nombre de Romains, en les entraînant dans un tourbillon jusqu'alors inconnu de spéculations ruineuses.

Du reste, ce fracas de la crise édilitaire, tout le monde à Rome, y compris les libéraux, confesse hautement qu'il aurait réduit la population à toute extrémité, sans le secours apporté par la splendide exposition du jubilé de Léon XIII, et par les étrangers qui y accoururent en foule. Qu'on dise ce qu'on voudra, le peuple romain a ses ressources naturelles dans le Pape, non dans les nouveaux venus, et il le sait.

Néanmoins, nous le répétons, un changement politique

n'est pas possible, sans que les intérêts particuliers de quelques-uns en pâtissent, et, même à Rome et en Italie, il y aurait des gens qui en éprouveraient quelque dommage ; mais il est étrange, en vérité, que cette considération soit mise sur le tapis, alors seulement qu'il s'agit de relever la souveraineté pontificale.

Qui peut calculer combien d'intérêts particuliers furent sacrifiés dans l'annexion des États légitimes et dans la formation du royaume actuel d'Italie ? Est-ce que par hasard on n'en sacrifia aucun dans l'occupation violente de Rome elle-même ? Est-ce que le gouvernement italien prit garde au dommage qu'il faisait à Florence, quand il lui enleva la capitale pour la transporter ailleurs ? Est-ce qu'il prit garde à l'énorme dépréciation qu'éprouvèrent naturellement les immeubles en cette ville ? Mais il y a pire.

Quand fut décrétée la vente des biens ecclésiastiques, le plus médiocre économiste pouvait comprendre que si on jetait sur le marché, dans le cours d'un petit nombre d'années, pour plus d'un milliard d'immeubles, la propriété foncière, en toute l'Italie, en éprouverait une dépréciation ruineuse, dont elle ne se relèverait pas de longtemps ; c'est ce qui arriva. Mais cela n'empêcha point le gouvernement de commettre cette opération.

Si l'on parle du sacrifice des intérêts particuliers imposé aux Italiens, on en trouve, ce semble, une éloquente formule dans les 13 milliards de la dette publique, dans le milliard annuel d'impôts et dans les 600 millions que l'Italie doit payer tous les ans à l'étranger, à titre d'intérêts, et qu'elle tire de ses propres veines.

Cette accumulation énorme de sacrifices que la Révolution a imposée depuis quarante ans aux Italiens, et qu'elle continue à leur imposer, nous ne voyons pas que les amis du régime actuel s'en émeuvent le moins du monde ; toute leur compassion, toute leur indignation se concentre sur les dommages que fait souffrir à quelques individus le rétablissement du pouvoir temporel. Avouons-le : ce n'est pas de la loyauté.

La compassion se doit à tous ; mais à tous aussi est applicable le principe que le bien privé, sauf les droits, doit céder au bien public. Or, dans le fait de rendre au Pontife sa souveraineté, le bien public se trouve bien autrement et avec une autre évidence que dans les opérations susmentionnées du gouvernement italien.

Il y a l'intérêt religieux des catholiques italiens, et c'est là, pour cent raisons, un intérêt social de premier ordre. Il y a l'intérêt des catholiques du monde entier, qui auront compassion sans doute des innocents qui pourront en souffrir, mais qui n'admettront jamais que le chef de l'Église catholique reste perpétuellement dans la condition de sujet, à cause des propriétaires de maisons dans la Rome nouvelle. Il y a l'intérêt politique de l'Italie, qui doit sortir de cette position insoutenable, assurer sa paix intérieure et se soustraire à l'embarras politiquement intolérable de sa lettre de change en blanc. Il y a enfin le devoir de la justice, qui oblige les États, comme les individus, à restituer le bien mal acquis.

A regarder les choses, non à la superficie, mais dans leur intime réalité, on trouve que la question romaine touche à la question économique de Rome et de l'Italie, mais tout autrement que ne l'imaginent ceux qui ont des intérêts contraires.

En effet, la cité de Rome, en continuant d'avancer dans

la voie ruineuse d'une dette toujours croissante, éprouve
un dommage incomparablement plus grand que ne serait
pour elle l'abandon de la nouvelle Rome. A ceci, il y aurait un remède, comme il y en eut un pour Florence, que
le transfert de la capitale sembla avoir réduite à faire ban-
queroute, et qui, moyennant un subside peu considérable
et l'introduction d'une sage économie, parvint à se relever.
Mais pour qui se précipite dans la voie des dépenses exor-
bitantes et des dettes accumulées, il n'y a que l'abîme, et
chaque jour voit empirer sa position.

Quant aux Italiens, en général, — nous raisonnons en
économistes, — le mauvais gouvernement actuel fait, en
une seule année, un plus grand tort à leurs intérêts, que
n'en ferait la restauration d'un domaine plus que suffisant
pour garantir au moins l'indépendance politique du Pape.

Ensuite, même en laissant de côté la mauvaise administration, si nous venons à considérer que la dispendieuse
politique étrangère du nouveau royaume se règle principalement d'après la question romaine, nous arriverons à
cette conclusion inattendue, mais très vraie : *Une des raisons principales de la ruine financière de l'Italie, c'est
le maintien obstiné de la spoliation du pontificat.*

Pour cela fut contractée l'alliance avec l'Allemagne et
négociée la visite de l'empereur ; ce qui, ayant provoqué
les représailles financières de la France, coûtera cette
année-ci à l'Italie, 500 millions de francs. Si nous avions
un budget établi selon la réalité des choses, cette énorme
perte devrait être enregistrée, avec une infinité d'autres,
sous le titre : « Dépenses et pertes financières imposées
aux Italiens pour maintenir l'inutile et nuisible spoliation
du Pape. »

De grâce, que les lecteurs, dont l'esprit reste indépendant, veuillent bien y réfléchir. Souvent il nous est difficile de reconnaître des vérités qui heurtent nos inclinations politiques ; mais nos préjugés cèdent plus facilement, quand il s'agit de découvrir le ver qui ronge nos intérêts et ceux du pays. Le bon sens abonde en Italie ; et, sans aucun doute, un très grand nombre d'Italiens, amenés à faire ces réflexions, reconnaîtront que la restauration revendiquée de la souveraineté pontificale, loin de tourner au préjudice des intérêts financiers de l'Italie, est au contraire une condition indispensable au relèvement de ses finances. Le pays est comme un navire qui, pour la dixième fois, donne contre les écueils et s'enfonce toujours davantage ; l'effroyable crise qu'il traverse en ce moment rend chaque jour aux intéressés plus d'indépendance en leurs jugements, et ne peut que hâter le triomphe de la vérité.

D'ailleurs, aujourd'hui déjà, il ne manque pas d'indices positifs attestant que l'idée d'une restauration de la souveraineté pontificale n'est pas, même parmi les libéraux italiens, aussi impopulaire que ses adversaires voudraient le faire croire. On en eut et on en a une preuve tout à fait démonstrative dans la proposition si connue de M. Fazzari et dans la manière dont elle fut accueillie.

A en juger par ce qu'on écrit sur l'inébranlable attachement de la nation au régime actuel, sur la résolution de tous les libéraux de se laisser tuer jusqu'au dernier, après avoir au besoin massacré tous les catholiques, plutôt que d'en venir jamais à une équitable restitution ; à raisonner d'après ces déclamations lyriques, on devait s'attendre à voir M. Fazzari exécré de toute la nation comme traître à la patrie.

Sans doute il fut anathématisé comme tel par les journaux de la faction dominante ; et il les réduisit facilement au silence, lui qui pouvait se vanter d'avoir versé pour l'Italie son propre sang, et non pas seulement des flots d'encre salariée. Mais de réprobation commune, il n'y en eut point, quoique l'ex-garibaldien allât jusqu'à proposer de remettre au jugement du Pape les conditions de l'accommodement. Auteur d'une semblable proposition, il est respecté de toute l'Italie, et il peut affirmer qu'il n'est pas le seul de son opinion, même chez les siens, et qu'il trouvera des adhérents jusque dans le parlement actuel [1].

1. On sait que Massimo d'Azeglio, le mauvais conseiller de Victor-Emmanuel, fut néanmoins toujours opposé à l'occupation de Rome. « Tout ce qu'il y a, en Italie, d'esprits éclairés, sont convaincus qu'il est impossible de faire de Rome la capitale de l'Italie. » Le député Joseph Ferrari, franc-maçon et ennemi de la papauté, s'écriait : « Il vaudrait mille fois mieux retourner à Turin que de rester à Rome en pareilles conditions. Pour comprendre que nous ne sommes ici que des hôtes, il suffit de jeter les yeux autour de soi. Nous ne sommes ici que des hôtes de passage ; vous êtes un gouvernement provisoire, pas autre chose. » — Le correspondant parisien du *Times* rapportait les paroles suivantes, recueillies de la bouche d'un diplomate italien, qui a une grande autorité dans le parti libéral : « Rome ne plaît à aucun de nous. C'est la plus ingrate, la plus désagréable, la moins pratique, des capitales possibles. Elle reste en dehors de tout. Elle est malsaine, en dépit de tous les moyens employés pour l'assainir. Il devient quasi impossible de l'embellir, sans faire crier à la profanation. Nous ne faisons aucun pas, dans cette ville maussade, sans rencontrer quelque chose qui nous heurte. Le roi l'aime moins que personne. L'idée de ce vieillard (le Pape) toujours en face de lui *est insupportable*. On se moque de l'interdit ecclésiastique lancé sur le Palais ; mais personne ne voudrait en habiter les chambres... Nous avions une ville qui pouvait être la plus belle du monde, Florence... Et nous restons à Rome, où chaque instant de notre séjour est un défi à la conscience du monde

Bon sens et religion, voilà, nous le répétons, le trésor héréditaire du peuple italien; chez un tel peuple la vérité, la justice et le véritable intérêt revendiquent toujours leurs droits et finissent par triompher.

et à ces lois fondamentales qui doivent gouverner toutes choses. Tous savent qu'un accord avec le Pape n'est possible que lorsque Rome cessera d'être le siège du gouvernement italien, et que le Pape sera libre dans une Rome libre. » — *La Question romaine internationale et anglaise*, par Mgr Vaughan. Paris. 1889, p. 81.

X

LES DESTINÉES DE ROME

Le lendemain de la prise de Rome, le ministre Visconti Venosta, pour tranquilliser l'âme catholique de l'empereur d'Autriche, télégraphiait à Vienne : « L'Italie regarde le Saint-Siège comme une de ses gloires les plus splendides; elle lui assurera une position aussi grande et aussi digne que l'auguste mission qui lui a été confiée sur la terre. »

Ce que ces paroles contenaient de loyauté, il nous importe peu de le savoir. Elles démontrent au moins comment les ennemis eux-mêmes de la papauté reconnaissent trop bien en elle ce que certains Italiens à courte vue ne savent pas y découvrir, savoir que le Saint-Siège est *une des gloires les plus splendides de l'Italie*. S'il manque quelque chose à cette expression, c'est de ne pas déclarer absolument et explicitement que la gloire la plus splendide de l'Italie est d'avoir, dans les limites de son pays, la résidence du chef de l'Église catholique.

En ce siècle d'orgueil et de vanités nationales, fondées sur une prérogative quelconque, où est la nation qui ne serait pas fière de compter parmi ses cités, la capitale du chef suprême de l'Église, dont les rois et les empereurs se proclament les fils et les premiers sujets, et qui compte deux cent millions de citoyens de toutes les langues.

Il faut toute l'arrogance des hommes de la Révolution, pour se donner l'air d'avoir accompli le couronnement de l'Italie une, ou d'avoir élevé Rome à sa juste grandeur.

quand de la cité éternelle, la résidence du Pape, ils ont fait la capitale du royaume. La vérité est qu'alors ils ont arraché du front de l'Italie son plus magnifique joyau et abaissé Rome incomparablement plus qu'ils n'ont abaissé les capitales des anciens petits États, en les réduisant au rang de villes de province.

La haute destinée de Rome, ce fut et c'est encore d'être la capitale du monde. Elle est habituée à cette suprême grandeur depuis plus de vingt siècles.

Elle commença à soumettre à son sceptre, par le glaive, toutes les nations du monde alors connu : Espagnols, Gaulois, Illyriens, Germains, Asiatiques et Africains, subjugués d'abord par la force, regardèrent ensuite comme une grande faveur de pouvoir s'appeler citoyens romains. Pendant six siècles, sous la république et sous l'empire, Rome fut habituée à voir les représentants de tous les peuples de l'ancien monde se rencontrer dans ses rues, comme en celles de leur capitale, y venir recevoir ses ordres, y rechercher ses faveurs et y entendre décider le sort de leur pays d'origine.

Rome païenne, comme toutes les institutions humaines, devait avoir son déclin; mais à peine l'éclat de sa grandeur terrestre commençait à pâlir, que déjà elle se voyait investie d'une nouvelle et plus splendide lumière, et un diadème d'une incomparable majesté remplaçait peu à peu sur son front la première couronne destinée à tomber.

Lorsque Constantin prit la grande résolution de quitter Rome et de transporter la capitale de l'empire à Byzance, il pouvait ne pas pressentir les événements qu'il préparait ; il pouvait n'être pas inspiré par l'idée, si claire pour nous, de l'incompatibilité de deux autorités souveraines dans Rome. Pourtant rien n'empêche de croire que leur contact quotidien, inévitable, lui en ait suggéré au moins le sentiment confus.

Quoi qu'il en soit, l'histoire a démontré qu'il exécuta par cet acte mémorable le dessein de la Providence, qui séparait le sort de Rome de celui de l'empire : celui-ci destiné à périr, celle-là destinée à demeurer pour toujours la capitale du monde.

Devenue le siège de saint Pierre, Rome avait inauguré de bonne heure la série de ses nouvelles conquêtes, en les étendant par-delà les limites de l'empire romain.

La conversion du monde au christianisme était l'œuvre sublime et féconde en laquelle se résumait la régénération de l'humanité ; régénération avant tout surnaturelle, qui devait introduire sur la terre la plus auguste des religions avec la sublimité très pure de ses dogmes et les célestes exemples de sa morale.

Jetons un coup d'œil sur cette société merveilleuse, qui est l'Église chrétienne, cette oasis privilégiée au milieu d'une humanité gisant dans l'ignorance, dans l'erreur, dans l'immoralité, dans la barbarie, chez tous les peuples, sans exception, qui ne reçurent pas le christianisme ou qui l'abandonnèrent.

Au milieu des nombreuses défaillances des individus, vaincus souvent dans la grande lutte contre les passions humaines, l'Église nous offre le spectacle ravissant d'une société dans laquelle, à la connaissance des plus hautes vérités spéculatives et morales se joint, jusque dans les classes les plus infimes, la pratique de vertus inconnues même de nom aux nations infidèles. L'horreur de toute faute, au point de juger préférable, plutôt que d'en com-

mettre une seule, toute espèce de mal physique; la soumission à toute autorité, ennoblie par le respect à l'autorité suprême de Dieu ; une générosité sans orgueil, une
humilité sans bassesse, une continence, en des millions
d'individus de l'un et l'autre sexe, s'élevant au-dessus de
l'humanité pour suivre une vocation supérieure, et, par-
dessus tout, l'amour du prochain, vertu caractéristique du
christianisme, sous la forme la plus sublime dans son
motif, la plus variée, la plus féconde, la plus généreuse
dans ses manifestations.

De l'ordre surnaturel, la régénération opérée par le
Christ ne pouvait pas ne point influer sur l'ordre naturel.
En dehors du christianisme, il n'y a pas de civilisation, tout
est barbarie voilée, dans les meilleures conditions, sous
une teinte légère de raffinement. La vraie noblesse des
mœurs, la douceur équitable des lois, la science et avec
elle la force, la richesse, le bien-être ne se rencontrent
que dans la société chrétienne, et la religion préside à leur
développement.

Que si, dans le cercle immense qu'elle occupe, on voit
encore ressusciter certaines lois atroces ou injustes, et
des doctrines répugnantes, et l'immoralité publique, et les
stupides erreurs de la société païenne, tout cela est
l'œuvre unique de ceux qui, après avoir renié Jésus-Christ,
cherchent à déchristianiser la société, l'œuvre en un mot
des hommes de la Révolution. Et par contre, si dans les
mêmes sociétés déjà officiellement déchristianisées, il y a
encore civilisation, honnêteté, respect des bonnes mœurs,
cela provient uniquement de la profonde empreinte laissée
en elles et maintenue par l'esprit de l'Église.

Or, d'où partait la perpétuelle influence à laquelle les

peuples civilisés des deux mondes sont redevables de leur régénération?

De Rome et de son évêque, successeur de saint Pierre et Vicaire de Jésus-Christ; c'est de Rome papale que partirent un Denis pour implanter le christianisme et la nouvelle civilisation dans les Gaules, un Augustin pour la porter à l'Angleterre, un Patrice à l'Irlande, un Boniface à l'Allemagne, un Cyrille aux Slaves; et de Rome encore, les Églises fondées jadis, où que ce soit, par les premiers apôtres, reçurent lumière et direction.

La Rome papale, laissant les conquêtes de l'épée pour les conquêtes plus nobles de la civilisation, donna aux peuples barbares et illettrés le premier code de lois qui pût réfréner l'arbitraire des puissants et la sauvage indocilité des peuples; elle leur enseigna les lettres; elle introduisit une langue commune, qui pût réunir toutes les nations dans le même ordre de pensées, pendant qu'elle s'étudiait à rapprocher les uns des autres tous les cœurs.

Toute l'histoire primitive des peuples modernes se compose uniquement de merveilleux tableaux représentant l'infatigable activité de Rome pour civiliser ces nations barbares.

Les siècles suivirent leur cours, et les peuples s'ennoblissant, se fortifiant chaque jour davantage sous l'influence du christianisme, reçurent de Rome la première initiation au progrès des arts, de la littérature et de la science. Et quand, avancés déjà sur la voie du progrès, les peuples sentirent moins le besoin de direction pour le développement de leur civilisation matérielle, ni les Pontifes cependant ni les fidèles ne crurent pas encore finie la mission civilisatrice de la papauté; elle ne l'était pas; elle ne le sera jamais. La civilisation a bien d'autres ennemis que la grossièreté des peuples enfants. Les erreurs antichrétiennes et antisociales, en fourvoyant les esprits, sapent par la base la société civile ; et une secte ténébreuse et puissante, sortie du sein même de la société civile, la menace beaucoup plus terriblement que ne firent autrefois les armées musulmanes ou les barbares du Nord.

Les siècles futurs compteront parmi les œuvres d'activité civilisatrice les mémorables encycliques, dans lesquelles le pontife actuel Léon XIII donnait une direction et une règle sûre aux études philosophiques, condamnait de nouveau la secte scélérate de la *franc-maçonnerie*, mettait en garde les peuples contre les embûches du *socialisme*, et s'attirait, pour ce dernier bienfait, les actions de grâces des souverains hétérodoxes, incapables de terrasser le monstre par la force.

Les âges futurs diront aussi comment, de nos jours, le respect et l'amour des peuples catholiques pour leur chef, au lieu de s'éteindre, se montrent aussi vifs qu'aux meilleures époques. Quand vit-on jamais en eux une plus grande obéissance aux enseignements du Pontife romain, un élan plus généreux pour les témoignages de leur affection filiale ?

Au moindre signe, à la moindre occasion qui se présente, voilà des milliers de fidèles qui de toutes les parties du monde affluent dans Rome, et s'y sentent comme chez eux. — Nous nous trompons : arrivés à Rome, ils se sentent le cœur serré comme celui qui revenant au logis trouve sa maison occupée par un envahisseur.

Quelques Italiens, par une jalousie mal placée, s'offensent de ce sentiment qui porte les catholiques de tout l'univers à regarder Rome comme leur propriété. Ne devraient-ils pas plutôt s'en réjouir comme d'une gloire unique ?

Les prétentions des catholiques étrangers sur ce joyau de l'Italie et du monde ne sont pas des prétentions d'ingérence politique. Aucun d'eux n'y a jamais songé; si ce n'est en tant que la fausse politique d'un parti qui n'est pas l'Italie se sert aujourd'hui de ce prétexte pour violer leurs droits. Ce sont les prétentions d'un sentiment légitime et d'une estime profonde.

Quand la municipalité de Rome, à la façon des barbares, se mit à détruire les monuments antiques, pour exécuter son absurde plan de transformation, les savants d'Europe poussèrent les hauts cris et protestèrent que Rome appartient au monde entier, et non pas à ceux qui la tiennent matériellement sous leur joug. Ils n'avaient pas tort. Le vandale qui renverse les vénérables monuments de l'antiquité blesse le monde civilisé dans ses affections les plus légitimes. Heureux cependant le pays, heureuse la cité, qui peuvent être l'objet de semblables jalousies !

Elles n'ont rien d'avilissant pour eux ; elles sont au contraire une gloire et une protection contre la barbarie.

La Rome papale jouit de la même vénération et du même amour à un degré infiniment supérieur auprès de toute la grande société catholique.

Les savants réclament l'inviolabilité pour les monuments de Rome, de la même façon qu'ils tiennent pour sacrés et intangibles les monuments de la Grèce et de l'Égypte. Les catholiques font davantage. Rome est leur seconde patrie ; ils se glorifient de lui appartenir ; c'est d'elle qu'ils tirent leur nom, car tous se disent catholiques *romains;* elle est leur sanctuaire le plus auguste; la résidence du chef auquel ils sont soumis, et auquel ils rendent une obéissance plus profonde qu'au gouvernement de leur pays. De Rome, l'Europe, l'Asie, l'Afrique, l'Amérique, l'Australie et l'Océanie reçoivent leurs pasteurs; de Rome, les contrées infidèles attendent les apôtres qui doivent poursuivre jusqu'à la fin l'œuvre de la régénération chrétienne.

Telle est la haute destinée, assignée en face du monde entier à cette cité italienne qui fut choisie pour être le siège du Vicaire de Jésus-Christ.

S'il plaît aux hommes qui gouvernent l'Italie de retourner de dix-neuf siècles en arrière et d'abjurer le christianisme, c'est leur affaire : mais le sentiment national, s'ils en avaient une étincelle, exigeait que la splendeur d'une cité italienne, devenue la capitale du monde catholique, fût conservée dans tout son éclat pour l'honneur de l'Italie et de Rome.

Qu'est-ce que Rome depuis son occupation? Qu'est-ce que cette capitale d'un État de second ordre, non encore reconnu légitime possesseur de ses violentes usurpations, après vingt-huit années d'existence, épuisé dans ses finances, décrié dans sa politique et n'ayant de confiance qu'en l'appui des étrangers? C'est le siège d'un gouvernement qui se soutient par la dissipation des biens volés à l'Église et extorqués à la nation; qui tient ses principales administrations dans des couvents supprimés ; qui n'a pu assigner au roi lui-même, pour demeure, qu'un palais du Souverain Pontife après en avoir crocheté les portes avec de fausses clefs. Qu'est-ce que cette capitale, qui naguère était regardée comme la patrie aimée et vénérée de millions d'hommes de toutes les nations, et dans laquelle, aujourd'hui, les Italiens eux-mèmes, à moins qu'ils n'y soient nés, se considèrent comme étrangers? Qu'est-ce que cette capitale, où jadis les souverains hétérodoxes ne dédaignaient pas de visiter le chef de la grande société catholique, et où aujourd'hui tous les souverains évitent de visiter un roi d'Italie?

Rome, pour tout le monde civilisé, reste cependant toujours la cité du Pape. Elle était sa capitale; vous lui avez enlevé ce titre : eh bien! vous en avez fait sa prison; car c'est ainsi qu'elle paraîtra aux yeux de tous, tant que subsisteront les conditions actuelles. Mais les destinées de Rome ne changent pas au gré de conseils humains. Quand elle perdit les papes, captifs à Avignon, elle descendit plus bas peut-être qu'en ce moment. L'épreuve fut longue. Mais le sort de Rome est lié à celui de la papauté : après soixante-dix ans elle recouvra des papes souverains, et avec eux elle vit renaître son antique splendeur.

LE PAPE SOUVERAIN

En traitant de la compatibilité qui existe entre les deux principaux devoirs du Pape et du souverain, nous ne nous préoccuperons pas le moins du monde des sottises que débitent les hommes de la Révolution pour vouer à la haine et au mépris ce que, dans leur ignorance, ils appellent la *théocratie* papale. Ils devraient pourtant reconnaître qu'il est passé le temps où ils pouvaient essayer de se poser en bienfaiteurs de la patrie et en censeurs des autres gouvernements.

Les façons d'agir et les résultats de la domination qu'ils exercent depuis plus de quarante ans rendent superflue toute discussion à ce sujet, et quiconque a une lueur de bon sens admet aujourd'hui qu'un gouvernement du Pape, fût-il le plus défectueux de tous ceux que rappelle l'histoire, serait toujours meilleur que le funeste gouvernement de ces gens-là.

Quel étrange contraste se présenterait aux réflexions des lecteurs, si d'une part nous mettions ici en ligne les noms des coryphées qui pendant quarante ans arrivèrent tour à tour à dominer, à pressurer, à corrompre et à tromper l'Italie, et si d'autre part nous leur opposions la série des pontifes, qui, depuis des siècles, ont successivement gouverné la portion de la péninsule comprise dans leur domaine ! — Mais l'esprit se refuse à un pareil rapprochement. Il équivaudrait sans doute pour nos nouveaux pères de la patrie à une ironie sanglante bien méritée, mais il serait directement pour les souverains pontifes un manque de respect des plus outrageants.

Si l'on veut un sujet de comparaison vraiment digne, il faut porter la pensée vers les dynasties les plus illustres de l'Europe; et la conclusion sera infailliblement celle qu'a formulée l'historien protestant Ranke, savoir : qu'il ne se trouve nulle part une série de rois ou d'empereurs aussi remarquables par les qualités du gouvernement et par les vertus privées, que la série des papes souverains.

Il ne pouvait pas, ou il ne pourrait pas en être autrement, si l'on considère le mode de leur succession, le choix du corps électoral actif et passif, la préférence assurée aux motifs de conscience dans l'acte de l'élection; ensuite les traditions de la sagesse romaine, l'esprit de droiture et celui de charité chrétienne unis et fondus en une seule règle de gouvernement. Toutes circonstances qui, selon la loi ordinaire, doivent porter au trône pontifical les personnages les plus distingués par leurs grandes qualités, et faire de leur politique, soit intérieure, soit extérieure, un modèle digne d'être proposé en exemple.

La politique des papes ne fut certainement pas celle que la Révolution peut admirer en son plus fameux diplomate ni en ses successeurs de moindre réputation : céder à un complice déjà mal intentionné deux anciennes provinces, pour obtenir son aide dans l'usurpation de tout un royaume; convertir les résidences de ses propres ambassadeurs en refuges de rebelles conjurés; violer sans pudeur la foi des serments et forger à leur place des plébiscites; et ainsi de suite.

De pareils exemples, qui, de l'aveu des libéraux eux-mêmes, ont contribué à discréditer la politique italienne [1], ne furent jamais donnés quand cette politique était principalement représentée par les ministres du Pape souverain. Mais en revanche, elle se faisait respecter; elle obtenait justice des puissances équitables, même sans l'appui des armes. C'est ainsi que le représentant de Pie VII, Consalvi, paraissait au congrès de Vienne, et, par la dextérité de ses manières, obtenait l'évacuation des Romagnes occupées jusqu'alors par les troupes autrichiennes. On n'a pas oublié à quelle haute considération s'éleva auprès des représentants hétérodoxes le diplomate italien par la droiture, l'efficacité, la modération et la prudence de ses conseils. Ministre d'un petit État, il parut si grand parmi les représentants des plus grandes puissances, que, le congrès fini, la plupart des gouvernements hétérodoxes s'empressèrent d'offrir au Saint-Siège des propositions de concordats particuliers. Ce n'est pas, si l'on s'en souvient, la figure que fit M. Corti au congrès de Berlin, ni l'avantage qu'il en rapporta.

Par rapport au gouvernement intérieur, quiconque a dépassé la cinquantaine peut se rappeler encore le temps où les sujets des autres petits États, sans être mécontents de leur sort, avaient coutume, quand ils rencontraient un sujet du Pape, de s'écrier : « Oh! chez vous, sous le Pape, on est heureux. » La fameuse parole proférée en plein par-

---

1. « Tous les ministres, depuis Cavour jusqu'à Depretis... sauf de rares exceptions, pensèrent... qu'on pouvait employer directement ou indirectement des instruments déshonnêtes, pour le triomphe d'une cause qu'ils regardaient comme bonne. Cette théorie, qui fut appliquée dès les commencements du royaume, n'a pas peu contribué à l'abaissement de la politique italienne. » **Riforma**, 16 avril 1880.

lement par un député italien : *On était mieux quand on était plus mal*, s'appliquait sans doute à tous les petits États, mais elle convenait mieux qu'à tout autre à l'État pontifical.

Quand on parcourt les actes des pontifes, on est émerveillé en voyant l'incroyable multitude des mesures les plus opportunes que chaque année les papes souverains ordonnaient pour le bien-être des peuples.

Reportons-nous seulement aux temps les plus proches de nous et aux circonstances les plus semblables aux nôtres. Nous voyons Pie VII, à peine revenu de sa captivité, réorganiser l'administration publique ; créer l'hospice de Sainte-Marie des Anges, pour faire cesser la mendicité, et le doter d'une rente de 50 000 écus; augmenter les écoles de l'académie de Saint-Luc; consolider l'institution des pompiers ; pourvoir d'eaux la ville et veiller à l'entretien des rues; donner la liberté du commerce, comme il avait déjà promulgué la liberté de l'industrie, aboli les privilèges, accordé des récompenses à l'exportation industrielle ; favoriser l'agriculture et promouvoir la culture de la campagne romaine ; ajouter en même temps aux ornements de Rome la magnifique promenade du Pincio, la fontaine du Quirinal, le musée Chiaramonti et quantité d'autres édifices et embellissements ; et tout cela sans aggravation pour le peuple, quoique les libéraux d'alors n'eussent, selon leur coutume, laissé au fond du trésor que le vide et les dettes de leurs brigandages. Dès 1819, cinq ans après la restauration de la souveraineté pontificale, les recettes montaient à 5 887 000 écus, les dépenses se maintenaient à 5 289 000 écus, en sorte que l'excédent était d'environ 596 000 écus. Les libéraux d'aujourd'hui trouveront sans doute que l'équilibre du budget annoncé tous les ans par leurs ministres indique plus de sagesse, plus d'honnèteté administrative, et contribue davantage à la vraie prospérité de la nation.

A Pie VII succéda Léon XII, aimé du peuple, détesté des carbonari, auxquels on attribue, non sans fondement, d'avoir hâté sa mort par le poison. Il régna cinq ans, et pour ne citer qu'un fait, parmi ses nombreuses et grandes œuvres, il voulut que chaque année de son règne fût signalée par trois avantages procurés à son peuple : un impôt aboli, une dette payée, et un million d'écus déposé dans le trésor, pour subvenir à toutes les occurrences.

Ces traits suffisent. Quiconque n'est pas tout à fait étranger à la connaissance de l'histoire doit avouer que non seulement un pape peut être bon souverain, mais que dans les vies des papes souverains les rois et les empereurs peuvent encore aujourd'hui rencontrer les plus beaux exemples de politique et de bon gouvernement, et les peuples l'idéal d'un pouvoir complètement ordonné en vue de leur vrai bien.

Et ici sera-t-il nécessaire de faire ressortir encore les avantages immenses que procurerait à l'Italie, sous quelque constitution que ce soit, unitaire ou fédérale, le fait d'avoir en son sein le Pape-Roi?

Politiquement son prestige grandirait immensément auprès de toutes les nations européennes, et du jour où seraient vraiment accordées au Pape la liberté et l'indépendance souveraine qui lui conviennent, l'Italie y gagnerait *moralement*, de façon à devenir sous tous les rapports une nation exemplaire, le modèle de toutes les autres. Bien plus : possédant en soi, avec le Pontife libre et indépendant, le plus solide fondement de l'autorité et de l'ordre, elle deviendrait la médiatrice naturelle, l'arbitre de la paix entre tous les gouvernements et tous les peuples du monde.

Cependant, dira quelqu'un, voici une dernière considération qui relègue définitivement parmi les choses actuellement impossibles l'existence d'une souveraineté pontificale.

Supposez tous les obstacles pacifiquement écartés, toutes les difficultés aplanies, et le Pape redevenu souverain. Quelle forme de gouvernement voudra-t-il adopter? — La forme absolue? — Mais les peuples, qui ont acquis la conscience de ce qu'ils sont, la regarderaient comme un avilissement et comme un fardeau intolérable; ce serait un état violent, impossible à soutenir. — La forme représentative? Mais sous ce régime, le peuple est souverain; et le souverain n'y est que pour la montre. Ajoutez à cela toutes ces libertés que requiert la société moderne et qu'un pape ne pourrait tolérer : liberté des cultes, liberté de la presse, liberté d'association. L'opposition soit spontanée, soit provoquée, ne tarderait pas à s'élever dans le parlement, et nous verrions bientôt la lutte entre le Pontife et les représentants de son peuple; elle éclaterait pareillement dans le peuple, et nous serions à la révolte. Alors que ferait le Pape? Emploierait-il la force? Verserait-il le sang? Rien que d'y penser cela nous fait horreur. Nous nous rappelons encore quelle bruyante indignation excita dans la presse libérale l'exécution de ces deux sanguinaires homicides : Monti et Tognetti. Lâcherait-il la bride à la Révolution? Autant vaudrait abdiquer le pouvoir et ouvrir les portes à l'anarchie.

Nous ne nous arrêterons pas à ce dernier argument de femme, bon tout au plus à convaincre des enfants. Lorsque, dans la société, les tribunaux constitués condamnent selon la justice les délinquants, il ne vient jamais à la pensée de personne de considérer le souverain lui-même comme l'auteur de la condamnation, ni de le taxer pour ce fait de dureté personnelle. Ensuite que, parmi les délinquants, on doive réprimer avec une plus grande énergie ceux qui, sous un prétexte quelconque, bouleversent la société, c'est ce qu'ont enseigné par les faits les hommes mêmes de la Révolution, qui, tout en revendiquant l'impunité pour leurs propres forfaits politiques, furent toujours d'une sévérité inflexible envers les peuples qui se révoltèrent contre eux. Les fusillades dans le royaume de Naples, le bombardement de Palerme et cent autres faits semblables ne sont pas de ceux que le temps fasse oublier.

Il est vrai, ces bourreaux, ces bombardeurs ont continué néanmoins à se scandaliser des bombes que lançait contre eux le roi de Naples, et de l'exécution des Monti et des Tognetti ; mais on aurait grand tort de faire attention à des niaiseries aussi puériles ; leurs auteurs eux-mêmes sont les premiers à s'en moquer quand ils voient quelqu'un les prendre au sérieux.

Du reste, même dans cette lutte que les papes eurent à soutenir contre la faction aujourd'hui dominante, l'histoire nous le dit, le gouvernement pontifical, tant qu'il eut affaire seulement aux séditieux de l'intérieur, n'a jamais eu besoin d'exercer la millième partie des violentes répressions déployées depuis par la Révolution. Une bonne police, sur dix conjurations, en prévient neuf ; et une rigueur très mitigée appliquée aux carbonari des Romagnes a suffi pour qu'on les vît se dissoudre comme le sel dans l'eau.

Mais assez là-dessus ; arrivons à ce qui se présente au moins avec une apparence de sérieux, et à quoi, précisément pour cela, les écrivains catholiques ont déjà pleinement répondu : nous n'avons qu'à reproduire ici leurs réponses.

On affirme qu'un gouvernement monarchique absolu ne serait pas généralement agréé par les sujets du Pontife ; et on ajoute aussitôt que l'établissement d'un gouvernement constitutionnel leur est également inapplicable : en sorte qu'il n'en resterait plus aucune application possible. Posons d'abord certains faits qui ne seront pas sans intérêt, même pour les amis du présent régime.

Premièrement, il n'est pas exact que dans un État monarchique constitutionnel, à la moderne, la souveraineté du monarque soit, comme quelqu'un l'a dit, uniquement pour la montre, une *fictio juris*.

Ce qui est trop vrai, c'est que les principes sociaux sur lesquels reposent ces sortes de constitutions, spécialement le principe de la souveraineté du peuple, conduisent logiquement à la destruction de toute monarchie, bien plus, de toute forme de gouvernement même républicain, en un mot, jusqu'à l'anarchie absolue.

Mais, logiquement ou non, peu importe, la plupart des libéraux s'arrêtent au premier sujet, à la monarchie constitutionnelle, sans même descendre au second, à la république conservatrice. La Prusse, l'Autriche, la Bavière, le Portugal, l'Espagne, l'Italie, sont gouvernés par des constitutions monarchiques. Le principe de la souveraineté du peuple y est entendu avec certaines restrictions, sans qu'on croie pour cela en avoir éliminé l'esprit des constitutions modernes.

Or, dans ces sortes de monarchies, *en droit,* le souverain peut être vraiment souverain, quoique son autorité y soit soumise à maintes entraves; et, *en fait,* il peut non seulement régner, mais encore gouverner. On en a vu un exemple chez Napoléon III, dont la politique fut toute personnelle, et on a entendu, il y a peu d'années, l'empereur Guillaume d'Allemagne protester fièrement en face de la Chambre, qu'il était souverain et non sujet de son peuple, et personne ne se leva pour objecter que le principe de la souveraineté du peuple est inhérent à la Constitution.

Il est vrai, qu'en fait, les hommes de la Révolution, quand ils arrivent au gouvernement, cherchent à s'emparer de tout le pouvoir et à réduire le souverain à n'être plus qu'un simple comparse. Mais dans des circonstances moins défavorables, comme seraient celles du Pontife, il apparaît parfaitement possible et pratique à un prince constitutionnel d'exercer aussi de fait la vraie souveraineté, que les institutions modernes, logiques ou non, lui accordent de droit. Alors où est l'impossibilité absolue d'un gouvernement pontifical constitutionnel?

La principale difficulté à la réalisation d'un tel dessein n'est pas dans l'incompatibilité du parlementarisme avec l'exercice d'une vraie souveraineté, elle est dans un fait d'une tout autre nature, c'est-à-dire dans le manque d'intérêt et de confiance que le peuple témoigne aux modernes institutions représentatives. Les feuilles libérales elles-mêmes se répandent là-dessus en continuelles doléances.

Depuis bien des années la Chambre et le Sénat restent habituellement déserts; les représentants de la nation donnent l'exemple du dégoût, et souvent même ils ne sont pas en nombre suffisant pour voter quoi que ce soit légalement.

On ne parle pas du peuple. Autour des urnes se présentent d'ordinaire et par office les salariés du parti gouvernemental, légions d'employés, de gardes, livrées de toutes couleurs, tous votant sans liberté dans le sens de qui leur donne et pourrait leur enlever le pain quotidien; et combien d'entre eux, sans un pareil stimulant, ne bougeraient pas de la maison, on peut le conjecturer par l'apathie générale de tous les autres électeurs. Contre ces monarchistes pourvus de pain (*pagnottisti*), paraissent autour des urnes les républicains encore à jeun, avec des bataillons racolés dans des sociétés de leur parti, obéissant eux aussi à une discipline dont ils peuvent difficilement s'affranchir.

Entre ces deux partis se range la moitié tout au plus, souvent un tiers ou un quart seulement des électeurs, si même on parvient à ce nombre. Il est arrivé dans un pays de la haute Italie que le jour des élections pas un seul électeur n'a pris la peine d'aller voter, et cependant ces régions-là ne sont pas des plus arriérées. Le député Sonnino-Sydney a tout dit d'un seul mot, lorsque, en plein parlement, il attestait que « la grande majorité des Italiens, dans la proportion de 90 sur 100, reste étrangère aux institutions du pays ». Tant il est vrai que les peuples italiens montrent fort peu d'intérêt pour cette participation à la vie publique, ce présent qu'on leur a donné quand ils ne le demandaient pas !

Et la faute n'en est pas au peuple, mais aux institutions elles-mêmes et à la manière dont la faction qui les a introduites les fait fonctionner; et cela non seulement en Italie, mais partout ailleurs, de l'aveu des libéraux eux-mêmes.

Il y a trois ans déjà, la *Riforma* du 2 avril 1886, dans un article intitulé : *Le Parlementarisme en déroute*, annonçait ouvertement la crise et même la défaite de ce système partout où il a été introduit; et après en avoir montré la honteuse impuissance et l'insuccès en France, en Espagne, en Autriche, en Allemagne et même en Angleterre, elle concluait : *Nous ne disons rien de l'Italie parce que chacun sait qu'entre tous les pays elle se trouve dans la pire condition.*

Nous le croyons aussi; car le *Secolo*, à la même époque, écrivait plus crûment encore : *Aucun parlement, ou plutôt aucun gouvernement n'a jamais offert un spectacle aussi nauséabond.* (14-15 avril 1886.)

La véritable aspiration du peuple, c'est d'avoir un gouvernement qui lui procure justice, richesse, instruction, moralité, religion au dedans, confiance et respect au dehors. Or le peuple, qui n'est pas un aveugle, voit et apprécie combien peu les franchises constitutionnelles, si vantées, ont servi à l'acquisition de ces biens. Il voit la justice horriblement administrée, l'instruction détestablement dirigée selon des méthodes hybrides, en dépit du génie national; l'éducation, dans les écoles publiques, confiée à des maîtres et à des professeurs notoirement athées; la religion et le culte catholique en butte à des vexations insensées; les impôts décuplés; l'équilibre budgétaire annoncé tous les ans, et toujours suivi de nouveaux emprunts; il voit au dedans le *favoritisme* gouvernant tout; au dehors des alliances qui imposent la servitude jusque dans la formation des cabinets. Comment s'étonner alors de la méfiance générale, du mépris profond dans lesquels le système parlementaire est tombé aux yeux du peuple italien?

Et dans ces conditions, quand, du côté libéral, on a déjà écrit que le *parlementarisme a fait son temps*, un Pape qui voudrait l'introduire serait-il bien sûr de ne pas soulever l'opposition et le blâme de la part même de son peuple?

C'est pourquoi un opuscule publié, il y a environ six ans, sur la question romaine, abordant ce point, insinuait fort sagement que, dans le cas d'une restauration, le Pape pourrait donner à ses sujets un statut non pas identique mais *analogue* aux constitutions modernes.

Le vice des franchises modernes consiste en cette conception antisociale et antichrétienne de la souveraineté populaire; souveraineté populaire que les peuples italiens, sachant par expérience à quoi elle se réduit, apprécient comme on vient de le dire.

Bien différentes étaient les franchises, dont il se trouve des exemples dans les constitutions de l'antiquité et du moyen âge, et dont quelques-unes durèrent jusqu'à la Révolution française, qui les abolit. Elles n'étaient qu'un sage tempérament apporté, sur quelques points, à l'arbitraire personnel du prince; elles étaient exercées par des mandataires qui ne représentaient pas la prétendue souveraineté du peuple, mais qui, nommés par le peuple, étaient associés à la suprême puissance civile pour certaines classes d'affaires, comme le régime des impôts et quelques autres.

Cette conception n'avait rien de contraire à la prérogative du souverain, et une charte de ce genre serait encore ce qui conviendrait le mieux à toutes nos sociétés actuelles : parce que d'un côté il y règne une certaine aversion contre la monarchie absolue, et que de l'autre on y est généralement dégoûté des mauvais résultats du parlementarisme moderne.

Resterait à parler de certaines franchises particulières, qui semblent tout à fait réclamées par l'esprit de la société actuelle, comme la liberté de la presse, la liberté des cultes. Or pour faire comprendre comment un Pape souverain pourrait trouver, même en cela, les tempéraments nécessaires, il suffira d'une observation très simple.

Relativement à la tolérance d'un mal moral dans la société, distinguons la question de principe de la question pratique. Cela supposé, aucun gouvernement chrétien ne pourrait admettre le principe que le faux et le mal ont à la liberté le même droit que le vrai et le bien. L'État révolutionnaire lui-même, qui prétend fonder sur ce principe la liberté de la presse et des cultes, se voit ensuite contraint de s'arrêter dans l'application pratique; et il énumère parmi les crimes punissables (mais presque jamais punis) l'outrage fait à la divinité et à la morale publique ; il n'admet pas comme une excuse suffisante, ce qu'on pourrait lui objecter, que lui-même, dans son for intérieur, est athée ou cynique.

Donc, à plus forte raison, un pape ne pourrait admettre ce principe intrinsèquement immoral. Que si, au moyen de la censure répressive, arme incomparablement plus terrible que la préventive, le Pape réprimait la licence effrénée avec laquelle le gouvernement italien laisse insulter chaque jour la religion de l'État et la morale, on peut tenir pour certain qu'il exciterait les applaudissements de son peuple et pas autre chose.

Mais quant à tolérer pratiquement, en de certaines limites, la discussion des questions touchant plus ou moins indirectement à la religion et à la morale ou à la politique, toute l'obligation pour le Pape, comme pour tout prince chrétien, serait de se régler selon les circonstances. Une fois admis que tout cela est affaire de bon gouvernement et non pas d'abandon des principes, tout cet épouvantail d'un État du moyen âge rétabli à la fin du dix-neuvième siècle se dissipe en fumée. Les papes, est-il besoin de le dire? furent toujours les hommes de leur siècle; et il le sera aussi, le Pape souverain de la fin du dix-neuvième siècle.

CONCLUSION

Dans les pages précédentes, en raisonnant avec une pleine indépendance, nous avons dû nous convaincre que l'attitude de protestation maintenue par le Souverain Pontife au cours des luttes actuelles lui est imposée par l'obligation indéfectible de ses hautes fonctions, qu'elle est réclamée à la fois pour le bien de l'Église et celui de l'Italie; enfin qu'elle n'est pas le moins du monde dénuée d'une valeur pratique, comme voudraient le faire entendre certains censeurs malavisés.

Et maintenant, avant de conclure, nous voulons inviter nos bienveillants lecteurs à éclaircir, et au besoin à redresser leurs idées sur un autre point qui est pour eux et pour l'intérêt commun d'une importance beaucoup plus grande que le précédent.

On a voulu discuter sur l'attitude que le Pontife devait tenir en face des ennemis de l'Église; cette question regarde à proprement parler le Pontife. Posons maintenant une autre question qui nous regarde pratiquement nous-mêmes.

Quelle est l'attitude que doit conserver tout catholique par rapport aux actes du Vicaire de Jésus-Christ dans le gouvernement de l'Église?

Un coup d'œil jeté autour de nous suffit pour nous convaincre que tout l'épiscopat catholique et le peuple fidèle ne connaissent en cela qu'une seule règle, savoir: intérieurement, conformer leurs jugements et leurs sentiments à ceux du Pasteur suprême ; extérieurement, le seconder en tout et se laisser docilement diriger par lui.

En face de cet accord magnifique du Pasteur et du peuple fidèle, il y a, et particulièrement en Italie, un petit nombre de catholiques qui s'imaginent pouvoir en sûreté de conscience juger intérieurement, et même publiquement, les actes du chef de l'Église et se mettre en opposition avec lui, en cherchant à former une opinion publique contraire à ses paroles et à sa manière d'agir.

Ce n'est pas un parti ; car il ne saurait s'appeler ainsi, manquant à la fois de chef, de programme, de nom ; c'est la classe éparse de ceux qui sont vaincus moralement, à qui la fatigue de la lutte fait désirer la reddition, et qui pactisent sans le savoir avec les ennemis de l'Église. Ils se sont affectionnés au drapeau des ennemis pour des vues politiques, et ils s'irritent de voir que l'Église ne les accompagne pas sous cet étendard.

Ces catholiques vacillants se trouvent avoir sur les bras deux tâches fort difficiles : justifier l'attitude de juges qu'ils prennent vis-à-vis du Souverain Pontife, et se disculper du reproche accablant pour eux d'aller à l'encontre du sentiment commun de l'Église universelle.

Pour se débarrasser d'abord du second grief, ils ont pris l'habitude de parler des catholiques comme d'un parti auquel ils donnent les noms divers de *cléricaux*, d'*intransigeants*, de *vieux zélateurs du Vatican ;* quelqu'un l'a appelé *le parti innommable.*

Cette dernière dénomination est de toutes la plus vraie : car ce qu'un accusé ne saurait nommer sans proférer sa propre condamnation est pour lui vraiment *innommable ;* et tel est précisément le cas de ces catholiques vacillants, par rapport au parti qu'ils disent innommable. Mais pour qui ne se trouve pas dans leur condition, le parti est par- faitement *nommable* : il s'appelle l'Église catholique.

Tel fut, tel est, tel sera toujours le nom de cette société qui, ayant à sa tête le Pontife romain et tous les évêques d'accord avec lui, lutte aujourd'hui par tout le monde pour sa foi, et revendique l'indépendance politique du Pasteur suprême au moyen des associations, des congrès, des journaux, lesquels bénis, encouragés, aidés par le Vicaire de Jésus-Christ, en soutiennent les doctrines et, selon leur pouvoir, en secondent les desseins.

Fait étrange! des catholiques italiens, si pourvus de bon sens, en sont arrivés à ce point d'aveuglement de ne plus vouloir reconnaître, dans l'imposante universalité des Pasteurs et du peuple chrétien, autre chose qu'un parti! Mais où donc est l'Église? A-t-elle disparu du monde, ou bien s'est-elle réduite à ces gens-là, les seuls apprécia- teurs, les champions invisibles de ses intérêts, tandis que le Vicaire de Jésus-Christ et tout l'épiscopat s'en vont de leur côté soutenir on ne sait quelle guerre? Et tout le parti anticatholique se trompe-t-il aussi quand, pour combattre l'Église, il ne s'en prend qu'à ce parti innommable, à ses journaux, à ses associations et à son chef?

Qu'on mette donc enfin de côté ces équivoques puériles. Il peut y avoir encore dans le sein de l'Église des partis, oui, quand il s'agit de doctrines ou d'œuvres d'origine particulière, et abandonnées à la liberté individuelle. Mais ceux qui défendent les doctrines, qui exécutent la volonté du Vicaire de Jésus-Christ, ne constituent pas un parti; ils sont l'Église elle-même, qui se trouvera toujours réunie dans l'accomplissement de cette double condition.

Ce n'est pas que les catholiques, en se conformant au sentiment du Souverain Pontife dans les luttes actuelles, soient mus le moins du monde par les vaines appréhensions entretenues par leur presse périodique, laquelle, a-t-on dit, « parle et agit de manière à faire croire que l'infaillibilité *ex cathedra* du Pape s'étend aussi aux actes de son gouvernement et à sa politique ».

Celui qui a écrit ces paroles se trouverait fort empêché s'il lui fallait appuyer sur la moindre preuve le reproche gratuit qu'il lance ici contre la presse catholique. Ensuite, parmi les simples fidèles, personne n'ignore que l'infaillibilité appartient au Vicaire de Jésus-Christ uniquement dans les décisions qu'il prononce comme Docteur universel et Gardien suprême de la doctrine révélée, ainsi que le fait entendre l'expression même *ex cathedra*. Tous les catholiques, admettent donc que, « politiquement, le chef auguste de l'Église peut commettre des erreurs ». Mais d'abord ils distingueront toujours les actes purement politiques, tels qu'ils pouvaient se produire en particulier dans le gouvernement civil de l'État, quand le Souverain Pontife en était le souverain de fait, et dont il n'est pas question en ce moment, et les actes de politique ecclésiastique qui ont pour objet les intérêts mixtes de l'Église, parmi lesquels le plus important, sans contredit, est celui de l'indépendance politique du Pontife.

Quant à ces derniers, les catholiques savent fort bien que l'infaillibilité ne leur est pas applicable, lorsque ni la foi, ni la morale, ni la discipline ecclésiastique ne s'y trouvent engagés; néanmoins ils ne croient pas pour cela qu'il soit permis à chacun de se constituer juge et censeur public de ces actes.

En vérité, on ne comprend pas comment certaines gens s'avisent aujourd'hui d'établir une telle maxime, inouïe dans l'Église, et même dans les autres sociétés. En effet, l'obligation de la discipline et de la soumission dans les sujets ne se fonde en aucune façon sur l'infaillibilité du supérieur, ni dans l'Église, ni en dehors d'elle. Le père n'est pas infaillible dans la famille, ni le général dans l'armée; s'ensuit-il pour cela qu'un fils, un soldat ou un officier puisse à son gré ériger un tribunal et prononcer une sentence contre les actes du supérieur, soit dans l'armée, soit dans la famille ?

Ils se trompent donc grossièrement ceux qui, du fait que le Pape n'est pas infaillible dans tous les actes du gouvernement ecclésiastique, tirent pour conséquence : que l'on peut censurer publiquement ses actes comme inopportuns ou erronés. Les catholiques, au contraire, ont pleinement raison quand ils taxent un tel procédé, non pas sans doute de sacrilège ou de quasi-hérésie, comme un écrivain l'a dit avec exagération, mais bien d'insubordination et d'attentat séditieux.

Ce qui fait croire à quelques-uns qu'il est permis de soumettre à la discussion publique les actes qui appartiennent au gouvernement de l'Église, c'est la licence que les institutions modernes accordent à chacun de parler à tort et à travers des choses qui appartiennent au gouvernement de la société civile. Mais d'abord, comme il a été noté plus haut, même en supposant appliquées à l'Église les libertés constitutionnelles, les actes du souverain, c'est-à-dire, ici, du Souverain Pontife, resteraient toujours soustraits à la discussion et à la censure publique.

Ensuite, dans un État constitutionnel, au prince sont réservées la déclaration de guerre et les négociations de la paix ; et on ne permet ni aux soldats ni aux subalternes, même les plus capables, de discuter sur les plans de guerre ou les conditions de la paix, ni d'émettre à ce sujet leurs blâmes, leurs opinions, leurs conseils ; on exige au contraire de chacun une parfaite discipline et une soumission entière pour exécuter les plans du général en chef. La liberté de discussion n'est donc pas du tout illimitée dans les sociétés même civiles, même modernes, et c'est à tort qu'on prétendrait aujourd'hui la leur emprunter pour la transporter, plus largement encore, dans la société chrétienne.

D'ailleurs la transporter dans l'Église est une chose en elle-même radicalement intolérable ; car Jésus-Christ a constitué l'Église sur de tout autres principes que ceux de la démocratie moderne. Dans l'Église le peuple n'est pas et ne doit pas se croire souverain ; il est sujet de l'autorité du Pontife, à qui il se soumet comme au Vicaire de Jésus-Christ, pour être par lui enseigné et conduit. Telle est la Constitution de l'Église ; elle ne change pas, par le fait que autour d'elle, sont changées les bases des sociétés civiles auxquelles appartiennent ses membres. Les catholiques ne s'avisèrent jamais de lui appliquer les divers régimes sociaux ; et ils n'éprouvèrent jamais le moindre embarras à se conformer en même temps au différent droit de deux sociétés d'ordre également si différent.

Il y eut à toutes les époques, et il y a encore aujourd'hui des nations entières dans lesquelles les catholiques ont vécu en démocratie comme citoyens, et en monarchie d'ordre surnaturel comme catholiques. Ces bons Italiens, à qui la nouveauté des libertés politiques actuelles semble avoir donné quelque vertige, pour peu qu'ils y réfléchissent, rougiront de leur erreur et apprendront à juger plus sainement les motifs qui déterminent l'épiscopat tout entier et le peuple fidèle à se conformer encore dans les luttes actuelles aux sentiments du Pasteur suprême, à en suivre la direction avec une docilité et une confiance entières.

Non, ce qui les détermine à cela n'est pas une idée exagérée et fausse de l'infaillibilité pontificale ; c'est l'idée très juste qu'ils ont de la relation qui existe entre le Souverain Pontife et les fidèles, en tout ce qui tient d'une manière quelconque à l'ordre surnaturel. Il est le pasteur, ils sont les ouailles ; lui le maître, eux les disciples ; lui le chef, eux les sujets, soumis à ses ordres avec humilité chrétienne et charité.

Les choses ayant été ainsi établies par le divin fondateur, ils savent que, même dans les temps ordinaires, leur unique devoir est de se laisser diriger et instruire ; mais dans les temps plus orageux comme sont les nôtres, ils ont toute raison de croire avec confiance que le Saint-Esprit daigne assister de ses lumières spéciales celui aux mains duquel il a remis le gouvernement de l'Église.

Enfin s'ils examinent les choses, même au point de vue humain, affranchis seulement de cette folle présomption que la société moderne laisse à chacun de faire la leçon aux hommes d'État, les catholiques n'ont pas de peine à reconnaître combien il est téméraire de censurer les actes de celui qui, élu entre tous dans le Sénat des princes ecclésiastiques, comme le plus apte à ce gouvernement par ses vertus et par ses qualités naturelles, ne fait aucun pas sans la plus attentive considération et sans le concours des plus sages conseillers

Cela seul suffirait pour ôter à tout simple fidèle l'envie de taxer, même intérieurement, les actes du Vicaire de Jésus-Christ d'inopportuns ou d'erronés. Mais il n'en faut pas tant pour rabattre la vanité de celui qui aurait la tentation de s'en faire publiquement le censeur et l'adversaire.

Si parmi ces pasteurs eux-mêmes, que le successeur de saint Pierre appelle ses frères, quelqu'un croyait devoir lui donner quelque utile conseil, il ne commettrait assurément aucune faute, pourvu qu'il le fît secrètement et s'en remît avec pleine soumission au jugement du Pontife. Mais si au contraire de semblables conseils sont lancés dans le public au moyen de la presse, il est clair qu'ils ne sont plus adressés au Pape, ni soumis à son jugement si ce n'est en paroles ; ils deviennent alors une tentative séditieuse, ayant pour but de détourner les fidèles de la soumission qu'ils doivent à leur suprême Pasteur, et de les induire à se constituer orgueilleusement ses juges.

C'est pourquoi les écrits qui parurent, dictés par cet esprit d'insubordination, ont été par l'autorité de l'Église justement censurés, et par le peuple catholique rejetés avec mépris et avec indignation : avec indignation, à cause de la témérité qu'il y a à s'opposer au Vicaire de Jésus-Christ, au moment même où l'union des pasteurs et du peuple fidèle à le seconder est plus merveilleuse; avec mépris, parce que de quiconque élève sa chaire et arbore son étendard contre le Souverain Pontife, nul catholique ne saurait raisonnablement se promettre l'enseignement de vérités salutaires ; il n'en peut attendre que des sophismes captieux et de pernicieuses conclusions.

TABLE

FIN